DAS
TIER-ORAKEL
DER
AZTEKEN

CAELUM RAINIERI &
IVORY ANDERSEN

DAS
TIER-ORAKEL
DER
AZTEKEN

ENTDECKE DEIN PERSÖNLICHES KRAFT-TIER
UND LASSE DICH VON IHM BEGLEITEN

ILLUSTRATIONEN VON
RAPHAEL MONTOLIU

HANS-NIETSCH-VERLAG

Titel der Originalausgabe: "The Nahualli Animal Oracle"
© 2003 by Caelum Rainieri & Ivory Andersen (Text)
© 2003 by Raphael Montoliu (Artwork, Cards & Illustration)

Deutsche Erstausgabe
© 2004 by Hans-Nietsch-Verlag
Published by arrangement with Bear & Co., Inner Traditions Inc.
Vermittlung: Literarische Agentur Thomas Schlück
Alle Rechte vorbehalten.

Nachdruck, auch auszugsweise, nur mit ausdrücklicher
Genehmigung des Verlages gestattet.

Aus dem Amerikanischen übertragen von Norbert Claßen
Lektorat: Ruth Klingemann
Korrektorat: Martina Klose
Gestaltung: Priscilla Baker
Satz: Rosi Weiss

Hans-Nietsch-Verlag, Postfach 228, 79002 Freiburg
www.nietsch.de
info@nietsch.de

ISBN 3-934647-63-4

Für Katana, Verdi und Oberon,
unsere Tier-Gefährten, die ihre Reise nach Mictlan angetreten haben:

Mögen sich eure Seelen an den Feuern der Unterwelt wärmen
und eure Augen die Gegenwart der alten Götter schauen.
Wir danken euch für eure Treue und Freundschaft. Wir werden
uns stets an euch erinnern und vermissen euch jeden Tag.
Gute Reise!

DANKSAGUNG

Wir möchten uns vor allem bei der großartigen aztekischen Kultur und all den Einwohnern des Aztekenreichs bedanken. Dieses Projekt wurde aus der Liebe zu jener Kultur geboren und wir wünschen uns, dass es im Namen all derer erblüht, die seit der Konquista verurteilt, gefürchtet und missverstanden wurden.

Wir möchten uns auch bei unserer lieben Freundin Shari Love bedanken. Ohne dich hätten wir nie deinen wunderbaren Mann Raphael kennen gelernt, dessen Bilder das Herz dieses Buches sind. Unser Dank gilt auch Sun Tooth, unserem dreibeinigen aztekischen Gefährten, unserer süßen Hummel Laurel Marie und Sabina, einer guten Freundin, die stets auf uns Acht gibt und an uns denkt. Dann sind da noch Lauren, Sensei Robert, G und K, denen wir für Ihre Freundschaft, Ermutigung und moralische Unterstützung danken. Nicht zuletzt gilt unser Dank auch unseren Kraft-Tieren, den tierischen Wegführern, die uns stets auf den rechten Pfad geleitet haben.

Unser besonderer Dank gilt John Graham, Vickie Trihy und all den anderen bei *Bear & Company* und dem *Hans-Nietsch-Verlag* für ihre

Kreativität, Geduld, Großzügigkeit und für ihr Vertrauen.

Noch ein Wort für all die Ungläubigen und ewigen Neinsager: Mögt ihr die Freude und Erfüllung finden, die wir gefunden haben, und mögt ihr über euren eigenen Schatten springen und der Erde zurückgeben, was ihr gehört, auf dass ihr endlich Frieden findet.

INHALT

	Einführung	**9**
	Die Schattenseele	9
	Der heilige Bund	11
	Allgemeine Aussracheregeln	13
	Aussprache der Götternamen	14
	Stichworte zu den Orakel-Karten	15
1	**Die Religion der Azteken**	**18**
	Die Vergötterung von Tieren im alten Mexiko	19
	Das Menschenopfer	20
	Eine Religion der Krieger	21
	Das aztekische Pantheon	23
	Aztekische Numerologie	26
2	**Ihr persönliches Kraft-Tier**	**28**
	Die Rolle des Nahualli in Ihrem Leben	28
	Das eigene Nahualli finden	31
3	**Die Karten**	**35**

4 Das Orakel **158**
    Die Karten weihen und reinigen   159
    Sich selbst reinigen und zentrieren   159
    Die richtige Fragestellung   162
    Legemuster   163
        Der Rauchende Spiegel   163
        Die Drei Grazien   165
        Der Ballspielplatz   167
        Die Fünf Himmelsrichtungen   170
        Die Pyramide   173

5 Der Pakt **177**
    Die Pflicht erfüllen   180
    Abschließende Gedanken   181

Nachwort von Marc Bekoff   **182**

EINFÜHRUNG

DIE SCHATTENSEELE

Nahualli ist das aztekische Wort für „Schattenseele" und bezeichnet das Totem, den tierischen Doppelgänger und das Gegenstück zur menschlichen Seele. Die auch als „Mexica" bekannten Azteken pflegten ein sehr ausgeglichenes Verhältnis zur Tierwelt. Für sie waren Tiere heilige Wesen, die die Erde schon lange vor dem Erscheinen des Menschen mit den Göttern teilten. So ist es in der aztekischen Kosmologie von den Fünf Sonnen auch ein Tier (der Jaguar), das die Erste Sonne erschuf. Die Azteken fühlten sich der Natur keineswegs überlegen – voller Ehrfurcht teilten sie sich Raum und Zeit mit den Tieren und der Wildnis.

Besondere Beachtung schenkten die Mexica Omen und Zeichen, die sie aus der Beobachtung von Tieren bezogen. Wenn ein Azteke einen Falken auf seinem Dach landen sah, wusste er, dass die Götter eine Botschaft für ihn hatten, und er suchte gleich einen Priester auf, der ihm bei der Deutung half. Wenn eine Viper oder eine Klapperschlange seinen Weg kreuzte, dachte er über heraufziehendes Unheil nach. Und wenn er gar einen Quetzal zu Gesicht bekam, der aus dem Nebelwald herabgestiegen war, war das für ihn ein hervorragendes Omen, das Reichtum und Erfolg für ihn und seine Familie verhieß. Omen und Zeichen waren für die Azteken von so überragender Bedeutung, dass sie letztendlich auch zum Untergang ihrer Kultur beitrugen. Bestimmte Aspekte der Ankunft der spanischen Eroberer deckten sich mit Aspekten der Prophezeiung von der Rückkehr Quetzalcoatls, eines der bedeutendsten aztekischen Götter, und das verschaffte den Spaniern einen entscheidenden Vorteil.

Das Konzept von der menschlichen Überlegenheit gegenüber der Tierwelt war den Azteken vollkommen fremd. Jedes aztekische Kind lernte schon früh, dass es die teils tiergestaltigen Götter waren, die die Menschen durch das Vergießen ihres Blutes erschaffen hatten. Und im Gegenzug opferten die Menschen den Göttern ihr Blut auf dem Altar. Für die Mexica war dies so selbstverständlich und natürlich wie das Leben selbst.

Wenn Sie zur Zeit der Azteken geboren worden wären, hätte Sie am vierten Tag nach der Geburt ein Priester aus einem der Tempel Tenochtitláns, der Hauptstadt des Reiches, besucht. Er wäre gekommen, um Ihr *Nahualli*, Ihren Doppelgänger zu bestimmen, Ihre Verbindung zu bekräftigen und offiziell zu verkünden. Dies geschah stets in Form einer heiligen Zeremonie, bei der sich die ganze Familie um das Neugeborene sammelte. Eine Fackel wurde am Geburtsfeuer entzündet, um den Pakt zwischen Mensch und Tier feierlich zu besiegeln. Dies war ein bedeutendes Ereignis, weil es das erste Ritual im Leben eines jeden Azteken war – und die aztekischen Götter liebten Rituale.

In der aztekischen Weltanschauung galt die Seele als nicht rein menschlich. Ein Teil von ihr stand in direkter Beziehung zu der Gottheit, die sie erschaffen hatte. Und so wie jeder aztekische Gott in Menschengestalt ein tierisches Gegenstück hatte, gehörte zu jedem Neugeborenen ein Nahualli. Der am vierten Lebenstag geschlossene heilige Bund mit dem jeweiligen Nahualli, welches anhand von Geburtstag und Geburtszeit bestimmt wurde, war das wohl wichtigste Ereignis im Leben eines jeden Azteken. Es war der Auftakt zu einer lebenslangen Beziehung zwischen Mensch und Tier, ein beidseitiges Schutzabkommen und ein spiritueller Pakt. Die Beziehung zum persönlichen Kraft-Tier gab dem Heranwachsenden Richtung und stellte gleichzeitig seine Verbindung zu den Göttern dar. Das Nahualli half ihm bei der Charakterbildung, und im Gegenzug war der Mensch verpflichtet, das jeweilige Tier zu schützen.

Für die Jugendlichen, die sich zum Priester oder Schamanen berufen fühlten, war das Nahualli von noch größerer Bedeutung, weil es ihnen übernatürliche Fähigkeiten verlieh, wie etwa die zur Gestaltverwandlung, zum schamanischen Flug oder zur Weissagung. Es sind Fälle bekannt, in denen die Verbindung zwischen Mensch und Totem so eng war, dass Verletzungen des jeweiligen Tieres auch zu Verletzungen am Menschen führten, das heißt gespiegelt oder unmittelbar übertragen wurden.

DER HEILIGE BUND

Die Azteken glaubten, dass ein Nahualli seinen jungen Schützling in all seine Geheimnisse, Tricks und Fähigkeiten einführte. Wenn das Nahualli für seine körperliche Kraft bekannt war, würde auch das Kind stark werden. Wenn das Totem für seinen Wagemut bekannt war, würde auch das Kind mutig werden. Außerdem beschützte das Nahualli das Kind, sowohl in dieser als auch in der nächsten Welt. Wenn die Verbindung besonders eng war, so glaubte man, konnte es sogar sein, dass der Mensch und sein Nahualli zur gleichen Zeit starben und ihre vierjährige Reise nach Mictlan (die Unterwelt der Azteken) gemeinsam antraten. Im Gegenzug für all diese Gaben erklärte sich der Mensch bereit, das jeweilige Tier nach bestem Wissen und Gewissen zu schützen. Das schloss unter anderem mit ein, nie ein Tier der betreffenden Art zu töten, zu verletzen oder zu essen. Dies war ein heiliger Bund und jede Verletzung hatte ernste Konsequenzen, sowohl in dieser als auch in der nächsten Welt.

Wir haben *Das Tier-Orakel der Azteken* geschaffen, um spirituellen Suchern die Möglichkeit zu geben, ihr eigenes Totem sicher zu bestimmen und mit ihm zu kommunizieren. Dabei haben wir uns soweit irgend möglich an die Vorgaben der ursprünglichen heiligen Zeremonie der Azteken gehalten, um ein modernes Abbild derselben zu erschaffen. Das Orakel wird Ihnen nicht nur helfen, Ihr persönliches Kraft-Tier zu finden, sondern bietet auch eine Grundlage für die Kommunikation zwischen Ihnen und Ihrem Nahualli. Darüber hinaus hilft das Orakel in allen Lebenslagen und kann zur spirituellen Lebensberatung und zur Weissagung herangezogen werden.

Im Unterschied zu anderen Tier-Orakeln, die sich auf allgemeine Tierfabeln und die bekannten Kraft-Tiere konzentrieren, basiert *Das Tier-Orakel der Azteken* auf einer authentischen Zeremonie und der aztekischen Religion. Die 40 Karten des beiliegenden Sets sind Ausdruck aztekischer Numerologie, religiöser Symbole und authentischer Mythen. Um Sie in diesen Bereich einzuführen und Ihnen einen allgemeinen Überblick zu verschaffen, haben wir der Beschreibung der einzelnen Karten und Tiere ein Kapitel über die aztekische Religion vorangestellt.

Mit diesem Buch verfolgen wir drei Ziele:

- Unser Verständnis, unseren Respekt und unsere Anerkennung für Tiere als einzigartige, fühlende und spirituelle Wesen zu fördern.
- Die aztekische Kultur für all ihre Errungenschaften zu ehren.
- Ein authentisches aztekisches Orakel wiederzubeleben, das uns in unserem alltäglichen Leben hilft, uns Weisheit und Einsicht verleiht und uns auf unserem spirituellen Pfad geleitet.

Es ist unser aufrichtiger Wunsch, dass Ihnen *Das Tier-Orakel der Azteken* genauso viel Freude bereitet, wie uns beim Schreiben dieses Buches und der Erstellung des Orakels vergönnt war.

ALLGEMEINE AUSSPRACHEREGELN

Viele der Begriffe und Namen in diesem Buch stammen aus dem *Nahuatl*, der alten Sprache der Azteken. Der ursprüngliche aztekische Dialekt wurde schon seit Generationen nicht mehr gesprochen und daher streiten sich die Gelehrten oft um die korrekte Aussprache. Die folgende Liste gibt daher nur ein paar Grundregeln wieder, die allgemein anerkannt sind. Die Betonung liegt bei mehrsilbigen Worten übrigens meist auf der vorletzten Silbe.

Vokale   entsprechen der deutschen Aussprache

Konsonanten
ch	spricht man wie „tsch" in Tscheche
j	spricht man wie „h" in Holz
x	spricht man wie „sch" in Schirm
z	spricht man wie „s"
qu vor einem e oder i	spricht man wie „k"
c vor einem e oder i	spricht man wie „s"
c (alle anderen Fälle)	spricht man wie „k"
h	ist eher eine Pause als ein Laut

Doppelkonsonanten   werden zweimal betont
(z.B. ll in *calli*)   (z.B. *calli* spricht man „kal-li")

AUSSPRACHE DER GÖTTERNAMEN

In der folgenden Liste finden Sie die am häufigsten verwendeten aztekischen Götternamen und deren korrekte Aussprache. Bei der Anrufung eines Gottes ist es stets von entscheidender Bedeutung, seinen Namen richtig auszusprechen.

Xiuhtecuhtli *Gott des Feuers*	Schi-u'-tee-KU'-tli
Chalchiuhtlicue *Göttin des Wassers*	Tschal-tschi-u't-LI-kuh
Cinteotl *Maisgott*	Sinn-TEE-ot'l
Itztli *Der Heilige Stein*	ITS-TLI
Mictlantecuhtli *Herr des Todes*	Mikt-lan-tee-KU'-tli
Piltzintecuhtli *Herr der Prinzen*	Pilz-ihn-tee-KU'-tli
Tepeyolotl *Gott der Magie*	Tee-pee-jol-OT'L
Tlaloc *Regengott*	Tla-lock
Tlazolteotl *Sexgöttin*	Tla-sol-TEE-ot'l
Quetzalcoatl *Gefiederte Schlange*	Ket-sal-ko-AT'L
Tezcatlipoca *Rauchender Spiegel*	Tes-kat-li-POHK-a

STICHWORTE ZU DEN ORAKEL-KARTEN

Die folgenden Tabellen geben kurz die Bedeutung der 40 Orakel-karten wieder. Die jeweiligen Stichworte sind gerade für den Anfänger oft eine große Hilfe bei der Interpretation.

DIE HERREN DER NACHT

Herr der Nacht	Nr.	Bedeutung
Xiuhtecuhtli *Gott des Feuers*	0	Motivation, Kunstfertigkeit, Schmiede
Chalchiuhtlicue *Göttin des Wassers*	1	Traum, Imagination, Empathie, Tiefe
Cinteotl *Maisgott*	2	Manifestation, Ernte
Itztli *Der Heilige Stein*	3	Knoten durchtrennen, Routinen brechen
Mictlantecuhtli *Herr des Todes*	4	Balance, Unabhängigkeit, Fundament
Piltzintecuhtli *Herr der Prinzen*	5	Vergeltung, Rache, Gerechtigkeit
Tepeyolotl *Gott der Magie*	6	Magie, Voraussicht
Tlaloc *Gott des Regens*	7	Wachstum, Ausdehnung, Kultivierung
Tlazolteotl *Sexgöttin*	8	Rückkehr zum Ursprung, Quelle, Wurzeln

DIE NAHUALLI

Tier	Nr.	Bedeutung
Alligator	9	Karmische Lektionen, Prüfungen, Traumata
Ameise	10	Geduld, Ausdauer, Teamwork
Dachs	11	Schatten, Verdrängung, Selbstverleugnung
Fledermaus	12	Vertrauen, Intuition, Fruchtbarkeit, Freude
Schmetterling	13	Inspiration, Feuer, Leidenschaft, Erfüllung
Kojote	14	Betrug, Überraschung, unerwartete Wendung
Hirsch	15	Anmut, Hingabe, Aufopferung, Liebe
Hund	16	Führung, Schutz, Loyalität, Tapferkeit
Taube	17	Grundbedürfnisse, Frieden, Harmonie
Adler	18	Aufbruch, Kraft, Vision, Perspektive
Falke	19	Botschaft, unmittelbare Verständigung
Kolibri	20	Schnelligkeit, rasches Handeln, Krieg
Leguan	21	Ehre, Integrität, Würde
Jaguar	22	Macht, Autorität, Mut, Dämmerung
Eidechse	23	Überfluss, Sinnlichkeit, Potenz, Vergnügen
Affe	24	Schläue, Überleben, Opportunismus, Verstohlenheit

Tier	Nr.	Bedeutung
Ozelot	25	Geheimnisse, Verborgenes, Mysterien, Unbekanntes
Eule	26	Tod, Wandel, Ende, Loslassen, Trennung
Wachtel	27	Heilung, Wiederherstellung, Rehabilitation
Quetzal	28	Status, Ruhm, Anerkennung, Kunst
Kaninchen	29	Innenschau, Ruhe, Entspannung
Klapperschlange	30	Furcht, Wut, Zerstörung, Aggression
Rabe	31	Illusion, Täuschung, Zauberei, schwarze Magie
Roter Ara	32	Phönix, Auferstehung, Wiedergeburt
Skorpion	33	Versuchung, Abhängigkeit, gestaute Wut
Schlange	34	Vereinigung, Integration, Synthese
Stinktier	35	Unnötiges Risiko, Waghalsigkeit, Arroganz
Kröte	36	Chaos, Zwietracht, Missverständnis, Streit
Truthahn	37	Gaben, Geschenke, Segen
Geier	38	Reichtum, Wohlstand, Besitz
Wolf	39	Meisterschaft, Familie, Gruppenzugehörigkeit

DIE RELIGION DER AZTEKEN

Wir erreichten einen breiten Damm, auf dem wir unseren Marsch in Richtung Itzapalapa fortsetzten. Als wir all die Städte und Dörfer sahen, die auf dem Wasser erbaut worden waren, den gewaltigen Damm mit der ebenen Straße und all die anderen großartigen Plätze auf dem Festland, waren wir mehr als erstaunt. All die großartigen Häuser, Türme und Paläste, die aus dem Wasser ragten und aus Stein errichtet waren, schienen wie eine Vision, wie eine unwirkliche Szene aus dem Amadis-Roman. Viele unserer Soldaten fragten sich, ob dies vielleicht alles nur ein Traum war. Es überrascht daher nicht, dass auch ich mich hinreißen ließ. Das alles war so wunderbar und neu, dass es mir schwer fällt, es überhaupt nur zu beschreiben.

—Bernal Diaz del Castillo

Mit diesen Worten beschrieb ein Soldat aus dem Heer des Cortéz seinen ersten Eindruck von Tenochtitlán, der Hauptstadt des Aztekenreichs vor der Eroberung durch die Spanier. In weniger als 300 Jahren hatten die Azteken eine Zivilisation errichtet, die all das weit übertraf, was die Soldaten in Europa je zu Gesicht bekommen hatten. Während in Madrid gerade mal 60.000 Menschen lebten, hatte Tenochtitlán mehr als 200.000 Einwohner. Vier befestigte Straßen, die sich an den Himmelsrichtungen orientierten, führten in die Stadt und trafen sich im Tempelbezirk in der Stadtmitte. Die innovativen Architekten des aztekischen Reiches nutzten sowohl Wasser- als auch Landflächen für den Bau ihrer gewagten Konstruktionen, so dass die leuchtend weißen Gebäude auf klaren, blaugrünen Seen zu schwimmen schienen. Händler boten überall ihre Waren feil: Jade, Federn, bunte Seide und Baumwollstoffe, Gold und andere Kostbarkeiten aus ganz Mexiko und Guatemala. Prächtig gekleidete Krieger in aufwendigen Adler-, Jaguar- und Kojote-Trachten gingen in der Stadt ein und aus, stets auf dem Kriegspfad. Sie eroberten ständig neue Territorien, machten reiche Beute und brachten Gefangene mit, die in den Tempeln den Göttern geopfert wurden. Ständig gab es ausschweifende Feste, auf denen alles von der Maisernte bis hin zum Sex gefeiert wurde. Bei all dieser Vielfalt hatten die Mexica doch alle eines gemeinsam: die lebenslange persönliche Beziehung zu ihrem Nahualli.

DIE VERGÖTTERUNG VON TIEREN IM ALTEN MEXIKO

Die Religion der Azteken ist die Religion Mittelamerikas. Die alten Kulturen der Olmeken, Maya, Tolteken, Mixteken und Azteken weisen zahlreiche Parallelen auf, ähnliche Götter und eine erstaunlich einheitliche Architektur. Die Götter der Olmeken wurden schon 1500 v. Chr. in Stein gemeißelt und als halb Mensch und halb Tier dargestellt – ein früher Hinweis auf die Vergötterung von Tieren im alten Mexiko. Auch in anderen Kulturen wurden die Götter oft als halb Mensch, halb Tier beschrieben. Zahlreiche Beispiele finden sich in den Kulturen Indiens, Ägyptens, Europas, Japans, Chinas und Afrikas sowie bei den Stämmen Süd- und Nordamerikas. Die Cheyenne haben eine komplexe Kosmologie, die aus sieben Weltebenen besteht, von der jede von mächtigen Naturgeistern bevölkert ist. Der Ethnologe Karl Schlesier beschreibt in seinem hervorragenden Buch *The Wolves of Heaven* die Beziehung zwischen den Jägern der Cheyenne und ihrem Totem, dem Wolf:

> „Wenn ein Mensch von den Wölfen auserwählt wird, verwandelt er sich automatisch in einen Wolf, wenn auch nicht unbedingt physisch. Auf jeden Fall träumt er Wolfsträume, besitzt seine Fähigkeiten und Kräfte, handelt wie ein Wolf, beschäftigt sich mit Wolfsmagie, spricht mit Wölfen, jagt mit ihnen, wird von ihnen unterrichtet, setzt sich für sie ein, malt sich selbst wie ein Wolf an und trägt *Omotome*,

Wolfs-Amulette wie etwa Zähne, Fell oder Klauen, in einem heiligen Bündel bei sich. Die Grenze zwischen Wolf und Mensch löst sich in der physischen Welt allmählich auf, während in der spirituellen Welt Mensch und Wolf längst eins geworden sind." (S. 12)

Sowohl bei den Azteken als auch bei den Cheyenne war die Formwandlung, die tatsächliche Verwandlung in das jeweilige Tier, den Priestern und Schamanen vorbehalten. Und so spielte das Nahualli für den aztekischen Priester eine ganz andere Rolle als für den Durchschnittsbürger, weil ganz andere Kräfte im Spiel waren. Für die meisten war das Nahualli bloß ein Wegführer und Schutzgeist. Dem Priester erschlossen sich durch sein Totem die Fähigkeit zur Hellsicht, zu Astralreisen und zur Formwandlung. Meist wurde er auch gleich zum Mitglied der Priesterschaft des dem betreffenden Tier zugeordneten Gottes. Wenn sein Nahualli der Jaguar war, konnte der Priester etwa in den Tempel Tezcatlipocas aufgenommen werden, da dieser Gott auch oft die Gestalt des Jaguars annahm.

DAS MENSCHENOPFER

Zu Beginn der derzeitigen Epoche, dem Zeitalter der Fünften Sonne, warf sich der Gott Nanahuatl, eine Erscheinungsform des Sonnengottes Tonatiuh, in ein Feuer und schuf durch sein Opfer eine neue Sonne. Aber die neue Sonne hatte nicht die Kraft, über den Horizont zu steigen. So opferte der alte Gott Xolotl im Namen der Sonne alle anderen Götter. Ihr Blut floss zusammen und bildete einen Strom, der gen Osten zur Sonne strömte. Durch das Opfer neu angefacht, riss sich die neue Sonne vom Horizont los und stieg empor, um Menschen, Tieren und Pflanzen ein fünftes und letztes Mal Licht und Leben zu spenden.

Dieser Mythos veranschaulicht die Urschuld, die die Azteken gegenüber ihren Göttern empfanden, und ihr Bedürfnis, es Nanahuatl und Xolotl gleich zu tun, die Götter durch Opfer zu ernähren und die eigene Schuld zu begleichen. Es ging allerdings nicht darum, irgendeinen Menschen zu opfern. Die Qualität des jeweiligen Menschenlebens war von zentraler Bedeutung. Wenn die aztekischen Krieger eine benachbarte Stadt einnahmen, wurden nur die besten feindlichen Heerführer und die tapfersten Krieger als Opfer für die Götter ausersehen.

Dasselbe galt, wenn aztekische Bürger sich freiwillig als *Ixiptla*, als Opfer für die Götter meldeten. Um akzeptiert zu werden, mussten solche Leute ein mustergültiges Leben führen, denn immerhin verkörperten die Ixiptla die Götter selbst. Ein Ixiptla erklärte sich bereit, einen bestimmten Gott zu repräsentieren und eine Zeit lang dessen Leben zu leben, wobei die Zeitspanne ganz von dem betreffenden Gott abhing und von einem Monat bis zu einem Jahr lang dauern konnte. Tezcatlipocas Ixiptla zum Beispiel genoss seine Rolle ein ganzes Jahr lang, und in der letzten Woche wurde er mit den besten Speisen und schönsten Frauen versorgt und lebte ein wahrhaft göttliches Leben. Dann, am letzten Tag, wurde er bemalt und die Treppen zur obersten Plattform der Pyramide hinaufgeführt, um dort auf dem Altar mit einem Opfermesser aus Obsidian die Brust geöffnet zu bekommen. Sein Herz wurde mit der Hand aus dem Brustkorb entnommen und in eine spezielle Schale gelegt. Sein Körper wurde feierlich die Stufen des Tempels herabgetragen statt, wie sonst oft üblich, von der Plattform gestoßen zu werden. Die Seele des verstorbenen Ixiptla stieg sogleich in den Himmel auf und erfreute sich an einem Leben der Freude und Schönheit an einem Ort, der sonst nur den tapfersten Kriegern vorbehalten war.

EINE RELIGION DER KRIEGER

Die aztekische Religion ist eine Religion der Krieger. Tapferkeit vor dem Feind und Meisterschaft in der Kriegskunst sicherten dem Krieger nach dem Tod einen Platz in den obersten Rängen des Himmels, einem Ort, den die meisten Mexica nie schauen würden.

Die Kriegerorden

Als die tapfersten Krieger galten die Mitglieder der Elitetruppen, des Adler- und des Jaguar-Ordens. Die Jaguar-Krieger waren eine aztekische Variante der japanischen Ninja – Schattenkrieger, die im Schutz der Dunkelheit auf die Jagd gingen und ihre Beute wie ein Jaguar aus dem Hinterhalt überwältigten. Die Adler-Krieger operierten bei Tag und waren eine Sturmtruppe, die sich wie ein Adler auf ihre Beute stürzte und sie durch die Wucht des Angriffs überwältigte. Die Eroberungszüge der

Kriegerorden brachten für das aztekische Volk nicht nur offensichtliche Vorzüge wie Reichtum und neues Land mit sich, sondern auch zahlreiche Menschenopfer für die stets hungrigen Götter. Die Adler- und Jaguar-Krieger sind ein prototypisches Beispiel für die Bedeutung der Kraft-Tiere bei den Azteken, und erst anhand dieser Orden ist es Historikern gelungen, die Rolle der Nahualli in der aztekischen Kultur zu entschlüsseln.

Die enge Verbindung von Krieg und Religion bei den Azteken ist sicher nicht einzigartig und auch nicht auf Mittelamerika beschränkt. Im damaligen Spanien herrschte eine vergleichbare Verflechtung von weltlicher und kirchlicher Macht, von Armee und Kirche. Die spanischen Eroberer glaubten, genau wie die Adler- oder Jaguar-Krieger, dass sie im Himmel für ihre Taten belohnt würden.

Während die Spanier sich mit den Azteken einig sein mochten, dass Krieg und Religion untrennbar verknüpft waren, so verabscheuten sie doch die religiösen Praktiken der Azteken. Nach der Eroberung Mexikos bekämpften katholische Missionare den Glauben an die individuelle Verbindung zu einem Nahualli mit besonderer Inbrunst. Hernando Ruiz de Alcaron, ein katholischer Priester, der die ketzerischen Vergehen der Mexica in seiner „Abhandlung über den heidnischen Aberglauben" von 1629 aufzuzeichnen suchte, schreibt dort:

> „Aus all den Fällen, die mir in Bezug auf dieses Nahualli zu Ohren gekommen sind ... schließe ich, dass der Teufel einem Kind schon kurz nach der Geburt aufgrund eines Pakts, den die Eltern mit ihm geschlossen haben, ein Tier als Nahualli zuweist und es zum Herrscher über all seine Handlungen und über das macht, was die Nicht-Juden Schicksal nennen. Und kraft dieses Pakts ist das Kind zeitlebens all den Gefahren, Widrigkeiten und Verletzungen ausgeliefert, die dem Tier widerfahren mögen. Andererseits sorgt der Teufel dafür, dass das Tier allen Befehlen des Kindes gehorcht, oder der Teufel handelt selbst durch das Tier, indem er es wie ein Instrument benutzt." (S. 45)

De Alcarons Ansichten sind ein gutes Beispiel für die Vorurteile, die die Kirche damals jeder Naturreligion entgegenbrachte. Weil für die Kirche alles, was nicht von Gott kam, vom Teufel stammen musste, war alles, was nicht im Einklang mit dem Dogma stand, schlichtweg Teufelswerk. Ein solches Konzept war den Mexica völlig fremd, denn in ihrem Pantheon gab es gar keinen Teufel.

DAS AZTEKISCHE PANTHEON

Die Azteken verehrten eine Vielzahl von Göttern, und es gab mehr als 400 von ihnen im aztekischen Pantheon, wobei viele bloß Erscheinungsformen anderer Götter darstellten. Einer Theorie zufolge gab es ursprünglich nur 13 Götter und erst mit der Zeit sollen sich daraus all die anderen entwickelt haben. Bis heute streiten sich die Gelehrten darüber, welche der vielen Götter das ursprüngliche Pantheon gebildet haben. Quetzalcoatl hat zum Beispiel viele Erscheinungsformen. Zum einen ist er die Gefiederte Schlange, mit dem Quetzal als Nahualli. Aber er ist auch der Windgott Ehecatl. Er ist Ce Acatl, der Morgenstern, und er ist Topiltzin, der legendäre Gründer und Hohepriester von Tula. Ein weiterer bedeutender Gott ist Tezcatlipoca, der Rauchende Spiegel. Als wahrhafter Formwandler nimmt er die Gestalt zahlreicher Tiere wie etwa die des Stinktiers, des Affen, des Jaguars oder des Kojoten an. Eine seiner Erscheinungsformen ist Huehuecoyotl, Großvater Kojote, ein alter chichimekischer Gott. Eine andere ist Tepeyolotl, das Herz des Hügels, der Jaguar-Gott.

Von all den Göttern und Erscheinungsformen nehmen 21 Götter eine besondere Stellung im aztekischen Pantheon ein. Die 13 Herren des Tages und neun Herren der Nacht spielten eine große Rolle im *Tonalpohualli*, dem heiligen Kalender der Azteken und seinem ausgeklügelten Weissagungssystem. Dabei ist zu beachten, dass manche Götter sowohl unter den Herren des Tages als auch unter den Herren der Nacht erscheinen und eine doppelte Position einnehmen. Hierbei handelt es sich um unterschiedliche Aspekte desselben Gottes, ein Phänomen, das im aztekischen Pantheon nicht selten anzutreffen ist. Als Herr der Nacht ist Mictlantecuhtli zum Beispiel der gnadenlose Richter der Toten, während er als Herr des Tages zugänglicher ist und für Recht und Gleichgewicht steht.

Die Herren des Tages

Die Zahl 13 war bei den Azteken stets von großer Bedeutung. In ihrem heiligen Kalender hatte jede Woche 13 Tage und auch der Himmel, *Omeyocan*, bestand aus 13 Ebenen, wobei jede von einem bestimmten Gott beherrscht wurde. Der aztekische Himmel war mit den Stunden des Tageslichts verknüpft, und daher wurden die herrschenden Götter auch die „Herren des Tages" genannt. Jeder dieser Götter hatte eine tierische Entsprechung und einen geflügelten Begleiter als Botschafter auf Erden, der meist ein Vogel war.

Die Zuordnung der Herren des Tages zu ihren geflügelten Begleitern ist von verschiedenen Forschern unterschiedlich interpretiert worden. Uns gefällt die Vorstellung am besten, dass der jeweilige Vogel das Herabsteigen des Gottes vom Himmel symbolisiert. In der aztekischen Mythologie stammen die Götter nicht von dieser Erde, sondern von irgendwo jenseits unserer Welt. Es ist also auch nicht verwunderlich, dass sie in der Vorstellung der Menschen des alten Mexiko Flügel brauchten, um von ihrer ursprünglichen Heimat zur Erde zu gelangen. Vögel sind schon immer mit dem Überbringen von Botschaften und ganz allgemein mit Kommunikation assoziiert worden. Während sich die Götter sehr wohl bewusst sind, was auf der Erde passiert, greifen sie meist doch nicht selbst ein, sondern schicken eine Botschaft oder senden ein Zeichen, um die Aufmerksamkeit der Beteiligten in eine andere Richtung zu lenken und sie zu ihrem eigenen Wohl auf den rechten Pfad zurückzuführen. Die folgende Aufstellung listet die 13 Herren des Tages auf und ordnet sie ihren jeweiligen geflügelten Botschaftern zu.

DIE HERREN DES TAGES	
Gott	**Botschafter**
Xiuhtecuhtli	Kolibri
Tlaltecuhtli	Kolibri
Chalchiuhtlicue	Taube
Tonatiuh	Wachtel
Tlazolteotl	Rabe
Mictlantecuhtli	Eule
Cinteotl	Schmetterling
Tlaloc	Adler
Quetzalcoatl	Truthahn
Tezcatlipoca	Uhu
Chalmecatecuhtli	Roter Ara
Tlahuizcalpantecuhtli	Quetzal
Citlalinicue	Papagei

Die Herren der Nacht

Die neun Herren der Nacht sind den neun Ebenen der aztekischen Unterwelt, auch als *Mictlan* bekannt, zugeordnet. Auf jeder Ebene trifft die Seele eines Verstorbenen auf andere Hindernisse und jede Ebene wird von einem anderen Gott regiert. Die Herren der Nacht repräsentieren Kräfte, die einen positiven oder negativen, aber stets starken Einfluss auf die menschlicher Erfahrung ausüben. In der folgenden Aufstellung haben wir jene Kräfte mit nur einem einzigen Wort dem jeweiligen Herren der Nacht zugeordnet. Natürlich sind sowohl die Kräfte als auch die entsprechenden Götter wesentlich komplexer, aber die Liste soll ja auch nur der Übersicht dienen. Im Kapitel „Die Karten" wird jeder einzelne Herr der Nacht noch einmal detailliert beschrieben und seine Bedeutung erläutert.

DIE HERREN DER NACHT

Gott	Kraft
Xiuhtecuhtli	Feuer
Chalchiuhtlicue	Traum
Cinteotl	Ernte
Itztli	Durchtrennen
Mictlantecuhtli	Tod
Piltzintecuhtli	Rache
Tepeyolotl	Magie
Tlaloc	Wachstum
Tlazolteotl	Sex

AZTEKISCHE NUMEROLOGIE

Die Numerologie war stets ein integraler Bestandteil der aztekischen Religion. Der heilige Kalender dieses Volkes bestand aus einem eindrucksvollen und ausgeklügelten Zusammenspiel unterschiedlicher Zahlenräder: 20 Tageszeichen wechselten sich innerhalb 13-tägiger Wochen ab, was ein 260-tägiges heiliges Jahr ergab (20 × 13 Tage). Die heiligen Jahre wurden wiederum zu 52-jährigen Zyklen gebündelt (13 × 4 Jahre).

Die Bedeutung der Numerologie in der aztekischen Tradition spiegelt sich auch in der Struktur unseres Tier-Orakels wider. Es besteht aus 40 Karten, die von 0 bis 39 durchnummeriert sind. Auf diese Weise beschwören wir die Kraft der Zahl 13 (die als Faktor in der 39 enthalten ist) und die Kraft der Zahl 4 (die als Faktor in der 40 steckt).

Die Bedeutung der Zahl 13

Die Zahl 13 war für die Azteken von größter Bedeutung. Wie schon erwähnt, hatte die aztekische Woche 13 Tage. Wie die Ägypter besaßen auch die Mexica ein komplexes Kalendersystem, in dem es sowohl einen heiligen als auch einen weltlichen, nach dem Sonnenjahr gerichteten Kalender gab. Im heiligen Kalender hatte die Woche 13 Tage, und jedem Tag waren ein Tier oder Objekt sowie eine Zahl zugeordnet. Wie auch schon erwähnt, hatte der Himmel in der aztekischen Kosmologie 13 Ebenen und jeder Ebene war ein Gott und ein geflügelter Begleiter zugeordnet. Und auch im aztekischen Alltag war die Zahl 13 überall gegenwärtig: So bestand die aztekische Führung zum Beispiel aus 13 regierenden Ministern.

Die Bedeutung der Zahl 4

Auch die Zahl 4 galt bei den Azteken als besonders kraftvoll. Das Nahualli eines Kindes wurde am 4. Tag nach seiner Geburt verkündet, und die Seele eines Verstorbenen reist 4 Jahre lang durch die Unterwelt, bis sie in Mictlan Ruhe findet. Die Erbauer Tenochtitláns nutzten die Kraft der 4, indem sie 4 Straßen entlang den 4 Himmelsrichtungen ins Zentrum der Stadt bauten, wo sie sich im zentralen Tempel zur Fünften Himmelsrichtung, der Mitte, vereinigten. Die aztekischen Astronomen schrieben dem Planeten Venus 4 Phasen zu, wobei die Venus dem Morgenstern und dem Gott Quetzalcoatl entsprach, der ebenfalls 4 Erscheinungsformen hatte.

Nun sollten Sie mit den Grundlagen aztekischer Religion einigermaßen vertraut sein und einen Eindruck davon haben, welch tiefe Verbindung zwischen den Mexica und der Natur existierte. Sowohl das menschliche wie auch das nicht-menschliche Leben wurde wertgeschätzt – und ganz besonders das Leben derer, die es auf dem Altar den Göttern opferten. Das Schicksal eines jeden Menschen wurde als aufs engste mit dem des Nahualli verknüpft betrachtet, und nicht zuletzt deshalb wurden alle Tiere geschätzt und hoch geachtet. Eine solche Haltung beidseitigen Respekts und gegenseitiger Achtung zwischen Mensch und Tier ist etwas, das heute viele Menschen anstreben. Das *Tier-Orakel der Azteken* kann Ihnen helfen, dieses Ziel zu erreichen.

IHR PERSÖNLICHES KRAFT-TIER

DIE ROLLE DES NAHUALLI IN IHREM LEBEN

Für die Azteken war das Leben mit dem eigenen Nahualli so selbstverständlich wie Freunde zu treffen, zur Schule zu gehen oder in den Krieg zu ziehen. Die Verbindung mit dem Nahualli war das erste Ritual in ihrem Leben, und die Beziehung zum persönlichen Kraft-Tier dauerte ein Leben lang.

Für uns heutige Menschen ist es völliges Neuland. Die Entdeckung des eigenen Nahualli kann eine großartige Erfahrung sein. In unseren Seminaren haben wir erlebt, wie hunderte Teilnehmer ihr tierisches Gegenstück entdeckt haben und es ihnen dabei half, die eigenen Charakterzüge und Eigenarten, Vorlieben und Abneigungen zu verstehen und zu akzeptieren. Der Kontakt zum persönlichen Kraft-Tier und die Möglichkeit, mit Hilfe der symbolischen Sprache dieses Orakels mit ihm zu kommunizieren, kann auch Ihr Leben von Grund auf ändern.

Aber das ist nur der Anfang. Ein Nahualli kann sowohl in der Welt des Alltags als auch auf dem Pfad spiritueller Entwicklung ein mächtiger Verbündeter sein. Es ist in der Lage, Ihre Intuition zu stärken, und kann Ihnen, wenn es nötig ist, buchstäblich Botschaften ins Ohr flüstern. Die folgenden Beispiele basieren auf unseren eigenen Erfahrungen und den Erlebnissen unserer Seminarteilnehmer. Die tatsächliche Beteiligung eines

Nahualli in diesen Fällen haben wir mehrfach geprüft, um ganz sicher zu gehen.

Das Nahualli als Beschützer

Jackson ist Musiker, Grammy-Preisträger und der Ehemann einer unserer Seminarteilnehmerinnen. Vor einigen Jahren, als er noch in Chicago lebte, hatte er einen sehr schweren Verkehrsunfall. Ein Wagen raste mit stark überhöhter Geschwindigkeit über eine rote Ampel und krachte seitlich in Jacksons Auto. Beide Wagen hatten einen Totalschaden und der andere Fahrer kam schwer verletzt ins Krankenhaus. Wie durch ein Wunder blieb Jackson unversehrt und trug nicht einmal eine Schramme davon. Mit Hilfe einer Kombination von Meditation, Tarot und Krafttier-Karten versuchten wir herauszufinden, welches Tier Jacksons Nahualli ist und wie es ihn bei diesem Unfall beschützt hatte. Wir fanden heraus, dass sein Kraft-Tier, ein Pferd, sich zwischen ihn und den heranbrausenden Wagen gestellt und so den Aufprall abgefangen hatte, um Jackson vor Schaden zu bewahren.

Das Nahualli als Verbündeter

Lange bevor ich Ivory heiratete, wollte ich einmal ein altes spanisches Häuschen in Venice Beach, Kalifornien, mieten. Die Eigentümer waren allerdings mehr als wählerisch in Bezug auf ihre künftigen Mieter. Ich war neu in der Gegend und erfüllte kaum eine der Anforderungen, die die Leute stellten. Unser Vorgespräch war alles andere als gut verlaufen. So bat ich mein Nahualli, einen Affen, in die Situation einzugreifen und das Blatt für mich zu wenden. Ein Monat verstrich, in dem ich nichts von den Vermietern hörte. Doch kurz darauf riefen sie an und fragten, ob ich immer noch an dem Haus interessiert sei. Offenbar hatte sich kein anderer Interessent gemeldet. Die Eigentümer waren darüber mehr als verwundert, aber mich überraschte es nicht. Ich hatte ein äußerst cleveres Nahualli – und den Mietvertrag für ein wunderschönes Haus in der Tasche.

Das Nahualli als Lehrer

Dr. Marc Bekoff, ein bekannter Verhaltensforscher, Zoologe und Verfasser des Nachworts zu diesem Buch, beschreibt in seinem Werk

Minding Animals seine Erfahrungen mit Tieren in freier Wildbahn und seine Art, Tiere zu beobachten. Sein Nahualli, der Kojote, hat ihn immer wieder bei seiner Arbeit unterstützt. Wenn Marc etwa einen Kojoten beobachtet, erlaubt ihm sein Nahualli, alles mit den Augen eines Kojoten zu sehen. Er hört mit den Ohren eines Kojoten und spürt die Umgebung, wie ein Kojote sie spüren würde. Das persönliche Kraft-Tier kann uns allen vergleichbare Erfahrungen ermöglichen und uns Türen der Wahrnehmung öffnen, hinter denen sich ganz neue Welten verbergen.

Das Nahualli als Fürsprecher

In einem Buchladen, in dem wir regelmäßig Seminare veranstalten, hörte Ivory, wie eine Freundin des Buchhändlers über ihren jungen Wolfshund klagte. Der Welpe gehorchte nicht, drangsalierte die jüngste Tochter und war auch sonst eine rechte Plage. Ivory wusste, dass Wolfshunde sich nur selten mit Kindern vertragen, stellte sich vor und bot an, sich nach einem besseren Umfeld für den kleinen Racker umzusehen. Die Frau nahm das Angebot zwar an, kam aber später dann doch nicht darauf zurück.

Immer wieder erzählte der Buchhändler Ivory von den wachsenden Problemen mit dem kleinen Hund, der inzwischen offenbar misshandelt wurde. Der Welpe wurde geschlagen, erkrankte an einer gefährlichen Virusinfektion und verlor zusehends an Gewicht. Ivory versuchte immer wieder, die Frau zu überzeugen, dass sie den Hund abgeben müsse, aber ohne Erfolg. Nach sechs Monaten hatte sich die Situation so zugespitzt, dass Ivory ihr Nahualli, einen Wolf, darum bat, die Hundehalterin in ihren Träumen zu besuchen und sie davon zu überzeugen, dass sie den Hund in bessere Hände geben müsse. Eine Woche später tauchte die nun verhärmt wirkende Frau wieder im Buchladen auf und erkundigte sich nach einem Mittel gegen ständig wiederkehrende Albträume. Jede Nacht träumte sie, dass sie von einem weißen Wolf gejagt wurde. Der Buchhändler sagte ihr, dass es nun vielleicht endlich an der Zeit sei, den Wolfshund abzugeben. Die Frau zeigte Einsicht und bereits am nächsten Tag fand der Hund ein neues Zuhause bei Leuten, die mit Wolfshunden umgehen können. Und die Albträume hörten so plötzlich auf, wie sie gekommen waren.

Das Nahualli als innere Kraftquelle

Einer meiner besten Freunde, ein Kampfsportlehrer, erzählte mir einmal von der indonesischen Kampfkunst Pencak Silat. Es ist ein traditioneller Stil, der auf den Bewegungen verschiedener Tiere basiert und bei dem es auf spiritueller Ebene zur engen Verbindung zwischen dem Ausübenden und dem betreffenden Tier kommt. Viele der bekannten Meister sind spirituelle Krieger, die einen sehr engen Kontakt zu ihrem persönlichen Totem pflegen. Wenn jemand zum Beispiel den Tiger-Silat meistert, sagt man, dass der Tiger durch ihn handelt und kämpft. Ohne diese echte, spirituelle Verbindung kann man die Bewegungen eines Tigers bestenfalls nachahmen. Die Azteken verfolgten mit ihren Kriegerorden eine ähnliche Strategie. Die Adler-, Jaguar- und Kojote-Krieger wurden von frühester Kindheit an in speziellen Schulen unterrichtet und lernten, sich mit ihrem Nahualli zu verbinden und wie ein Adler, Jaguar oder Kojote zu kämpfen.

Der Zusammenarbeit von Mensch und Kraft-Tier sind keine Grenzen gesetzt. Egal, ob es um eine gewünschte Gehaltserhöhung oder um die Lösung emotionaler Probleme geht – Ihr Nahualli ist stets für Sie da und lässt Sie nicht im Stich. Es ist aber sehr wichtig zu verstehen, dass Ihr Nahualli aus freien Stücken bei Ihnen ist. Es hat Sie als Gefährten auserwählt, nicht umgekehrt.

DAS EIGENE NAHUALLI FINDEN

Das Nahualli nach der Geburtszeit bestimmen

Die Azteken und ihre Religion gehören der Vergangenheit an und es gibt heute keine Möglichkeit mehr, die ursprüngliche Nahualli-Zeremonie durchzuführen. Daher haben wir auf den Grundlagen der aztekischen Kosmologie eine Methode entwickelt, die es Ihnen erlaubt, Ihr Nahualli einfach und sicher zu bestimmen.

Während die genaue Formel, nach der die aztekischen Priester das Nahualli bestimmten, nicht überliefert ist, wissen wir doch, dass sie auf der aztekischen Astrologie und dem heiligen Kalender basierte. Die Bewegungen der Sterne und Planeten waren für die aztekischen Priester von größter Wichtigkeit. Keine andere Kultur hat die Umlaufbahn der

Venus so genau berechnet wie die Azteken und gleichzeitig ihre vier Phasen erkannt. Vier Tage nach der Geburt wurde die Nahualli-Zeremonie abgehalten, und dies korrespondierte wiederum mit dem aztekischen Glauben, dass die Seele vier Jahre lang nach dem Tod durch die Unterwelt reiste, bis sie endlich Ruhe fand.

Wir wissen, dass die aztekischen Priester das Nahualli anhand des Geburtstages und der Geburtszeit bestimmten, und auf dieser Basis haben wir eine alternative Methode entwickelt, das persönliche Kraft-Tier zu bestimmen. Unsere Tabelle verknüpft dazu die traditionellen Planetenstunden mit den entsprechenden Kraft-Tieren. Dieses System hat sich in der Praxis vielfach bewährt und hunderte unserer Seminarteilnehmer haben so seit 1994 ihr eigenes Nahualli gefunden.

Erster Schritt

Wenn Sie Ihren Geburtstag und Ihre genaue Geburtszeit nicht kennen, sollten Sie sie jetzt herausfinden. Beides sollte auf Ihrer Geburtsurkunde vermerkt sein und wenn Sie keine Geburtsurkunde haben, fragen Sie auf der Gemeinde- oder Stadtverwaltung des Ortes nach, in dem Sie geboren wurden. Oft verfügen auch Krankenhäuser oder Ihre nächsten Angehörigen über die entsprechende Information. Wenn Sie Ihr Geburtsdatum, aber den entsprechenden Wochentag nicht kennen, können Sie ihn zum Beispiel über alte Kalender, Zeitungsarchive oder über eine Suche im Internet herausfinden.

Wann beginnt ein Tag? Für die Bestimmung des eigenen Nahualli gilt, dass der Tag mit der Morgendämmerung beginnt. Während unsere Kalender und Uhren den neuen Tag stets um Mitternacht einläuten, fing für die Azteken der Tag stets am Morgen an, da man nicht gewagt hätte, den Anfang irgendeiner Zeitspanne in die von den Kräften der Unterwelt regierte Nacht zu legen. Der Tag beginnt mit dem Sonnenaufgang, und für den Zweck der Bestimmung des persönlichen Kraft-Tiers haben wir den Tagesanbruch hier auf 6:00 Uhr festgelegt. Es ist wichtig, dass Sie sich die daraus folgenden Implikationen vor Augen führen. Wenn Sie an einem Dienstag um 1:00 Uhr nachts geboren wurden, heißt dass, dass Sie in Wirklichkeit an einem Montag zur Welt gekommen sind. Warum? Weil die Sonne noch nicht aufgegangen war. Achten Sie also darauf: Wenn Sie zwischen Mitternacht und 6:00 Uhr morgens geboren wurden, müssen Sie unter dem jeweiligen Vortag nachschauen, um Ihr Nahualli zu finden.

TABELLE: BESTIMMUNG DES NAHUALLI NACH DER GEBURTSZEIT

Stunde	Sonntag	Montag	Dienstag	Mittwoch	Donnerstag	Freitag	Samstag
06:00	Adler	Kaninchen	Roter Ara	Wachtel	Hund	Taube	Ameise
07:00	Schmetterling	Dachs	Quetzal	Eule	Wolf	Affe	Truthahn
08:00	Kojote	Geier	Eidechse	Schlange	Leguan	Ozelot	Kolibri
09:00	Hirsch	Kröte	Falke	Stinktier	Fledermaus	Alligator	Jaguar
10:00	Ameise	Adler	Kaninchen	Roter Ara	Wachtel	Hund	Taube
11:00	Truthahn	Schmetterling	Dachs	Quetzal	Eule	Wolf	Affe
12:00	Kolibri	Kojote	Geier	Eidechse	Schlange	Leguan	Ozelot
13:00	Jaguar	Hirsch	Kröte	Falke	Stinktier	Fledermaus	Alligator
14:00	Taube	Ameise	Adler	Kaninchen	Roter Ara	Wachtel	Hund
15:00	Affe	Truthahn	Schmetterling	Dachs	Quetzal	Eule	Wolf
16:00	Ozelot	Kolibri	Kojote	Geier	Eidechse	Schlange	Leguan
17:00	Alligator	Jaguar	Hirsch	Kröte	Falke	Stinktier	Fledermaus
18:00	Hund	Taube	Ameise	Adler	Kaninchen	Roter Ara	Wachtel
19:00	Wolf	Affe	Truthahn	Schmetterling	Dachs	Quetzal	Eule
20:00	Leguan	Ozelot	Kolibri	Kojote	Geier	Eidechse	Schlange
21:00	Fledermaus	Alligator	Jaguar	Hirsch	Kröte	Falke	Stinktier
22:00	Wachtel	Hund	Taube	Ameise	Adler	Kaninchen	Roter Ara
23:00	Eule	Wolf	Affe	Truthahn	Schmetterling	Dachs	Quetzal
00:00	Schlange	Leguan	Ozelot	Kolibri	Kojote	Geier	Eidechse
01:00	Stinktier	Fledermaus	Alligator	Jaguar	Hirsch	Kröte	Falke
02:00	Roter Ara	Wachtel	Hund	Taube	Ameise	Adler	Kaninchen
03:00	Quetzal	Eule	Wolf	Affe	Truthahn	Schmetterling	Dachs
04:00	Eidechse	Schlange	Leguan	Ozelot	Kolibri	Kojote	Geier
05:00	Falke	Stinktier	Fledermaus	Alligator	Jaguar	Hirsch	Kröte

Zweiter Schritt

Suchen Sie in der Tabelle „Bestimmung des Nahualli nach der Geburtszeit" auf der vorigen Seite den Tag und die Stunde Ihrer Geburt. Dort finden Sie den Namen eines Tieres und haben Ihr Nahualli gefunden. (Wir haben die Tiere mit der düstersten Energie – die Klapperschlange, den Raben und den Skorpion – bewusst ausgespart.)

Andere Methoden zur Bestimmung des Nahualli

Die oben beschriebene Methode ist an die aztekische Tradition und Kosmologie angelehnt und nur einer von vielen Wegen, das eigene Nahualli zu bestimmen. Sie müssen sich nicht darauf beschränken oder sich davon beschränken lassen. Die Entdeckung des eigenen Kraft-Tiers ist für jeden von uns eine einzigartige Erfahrung und die in diesem Buch beschriebenen Techniken dienen lediglich dazu, Ihre Aufmerksamkeit zu schärfen und Ihre Bewusstheit dafür zu steigern. Ihr eigenes Nahualli kann in Ihren Träumen zu Ihnen kommen, sich während der Meditation offenbaren oder sich sogar in leibhaftiger Gestalt zeigen. Sie können auch das Legemuster „Der Rauchende Spiegel" (in Kapitel 4) nutzen, um Ihr Nahualli aus den 31 Tier-Karten dieses Orakels zu wählen. Es ist Ihre *Absicht* zu lernen und Sie richten Ihre *Aufmerksamkeit* auf die feinstofflichen Energien, die Ihren Erfolg garantieren.

DIE KARTEN

In diesem Kapitel möchten wir Sie in die einzelnen Karten des Tier-Orakels und deren Interpretation einführen. Hier können Sie sich nicht nur mit einer Vielzahl möglicher Kraft-Tiere vertraut machen, sondern auch lernen, deren Stimmen im Kontext des Kartenlegens zu deuten und sie als Orakel zu nutzen. Die Karten werden in numerischer Reihenfolge vorgestellt, mit der Abbildung des Tieres oder Gottes über dem Namen und den Stichwörtern. Weitere Information zu jeder Karte wird in jeweils drei Abschnitten präsentiert:

1. Auf die Stichwörter folgt ein Kurzprofil der jeweiligen Karte, das zum Beispiel die Bedeutung des Gottes oder Tieres in der aztekischen Religion, Überlieferung und Geschichte beleuchtet und häufig auch auf das Verhalten des betreffenden Tieres eingeht.
2. Der zweite Abschnitt (unterhalb des Trennsymbols) befasst sich mit der Bedeutung der Karte im Kontext des Orakels.
3. Der dritte Abschnitt knüpft unmittelbar an den zweiten an, behandelt jedoch die umgekehrte Bedeutung der Karte, die dann zu beachten ist, wenn Sie die betreffende Karte verkehrt herum ziehen. Bei dieser umgekehrten Lage sind die Aspekte ebenfalls verkehrt und man kann ganz allgemein von einem energetischen Ungleichgewicht im jeweiligen Bereich ausgehen.

Die Wesen, die dieses Kartenset bilden, stammen allesamt aus dem aztekischen Pantheon und der mittelamerikanischen Mythologie. Alle neun Herren der Nacht sind vertreten, weil sie grundlegende Kräfte in unserem Leben repräsentieren. Es ist zu bemerken, dass diese Karten an und für sich weder negativ noch positiv sind. Es ist der Kontext, in dem die jeweilige Karte erscheint, der bestimmt, ob die betreffende Kraft positiv oder negativ auf Ihr Leben einwirkt.

Das Feuer (Xiuhtecuhtli) ist ein gutes Beispiel, weil man es sowohl konstruktiv als auch destruktiv einsetzen kann. Das Wachstum (Tlaloc) ist ein weiteres: Es kommt eben darauf an, was wächst. Wachsender Wohlstand ist eine feine Sache, ein schnell wuchernder Krebs nicht. Oder betrachten wir einmal den Sex (Tlazolteotl): Er kann eine wunderbare, Leben spendende Angelegenheit sein, aber auch eine schreckliche Sucht. Wenn einer der Herren der Nacht unter Ihren Karten erscheint, helfen Ihnen die Nahualli im Umfeld gewöhnlich dabei zu ergründen, in welche Richtung die Kraft sich bewegt.

Zehn der 13 Herren des Tages sind ebenfalls im Kartenset vertreten, nicht unmittelbar, aber in Gestalt ihrer geflügelten Begleiter und Boten. Die anderen 21 Tiere wurden aufgrund ihrer Bedeutung in der aztekischen Mythologie oder Gesellschaft ausgewählt. Zusammen repräsentieren die 31 Tierkarten ein breites Spektrum menschlicher Eigenschaften und menschlichen Verhaltens, von der Liebe bis hin zum Rachedurst und vom Frieden bis hin zu Krieg und Zerstörung.

Die erste Karte, Xiuhtecuhtli, haben wir mit Null beziffert, weil dieser Herr der Nacht die Urkraft des Feuers repräsentiert. Für die Azteken war das Feuer ein Symbol des Lebens und es war Xiuhtecuhtli, dem sie vor allen anderen Achtung zollten. Er ist der älteste aller Götter und auch unter dem Namen Huehueteotl, der Alte Gott, bekannt. Er war der einzige, der alle vorherigen Zerstörungen der Welt überlebt hatte, und wurde daher auch Gott Der Vier Zeitalter genannt. Sein Zuhause ist das Feuer inmitten der Erde, genau wie die Feuerstelle die Mitte eines jeden aztekischen Heims war. Er mag vielleicht nicht der bedeutendste unter den aztekischen Göttern gewesen sein, aber er war sicher der, den die Azteken am meisten liebten. In Anerkennung all dieser Eigenschaften haben wir ihn im Orakel vorangestellt und mit der Null versehen, um ihn von allen anderen Karten abzuheben.

Die anderen acht Herren der Nacht sind von 1 bis 8 durchnummeriert, und zwar in der traditionellen Reihenfolge, die durch die neun Ebenen der Unterwelt vorgegeben ist. Die 31 Tier-Karten erscheinen in keiner bestimmten Reihenfolge und sind von 9 bis 39 durchnummeriert

Aztekische Symbolik in den Orakel-Karten

Die Illustration der meisten Orakel-Karten ist eine künstlerische Wiedergabe des entsprechenden Tieres, aber manche Karten enthalten auch Symbole, deren Bedeutung nicht so offenkundig ist. Dem Leser mag zum Beispiel die große Ähnlichkeit der neun Herren der Nacht auffallen. Die Abbildungen wurden dem „Kodex Borgia" nachempfunden, einem alten Manuskript, das von aztekischen Priestern bei Zeremonien verwendet wurde. Hier finden sich bestimmte Objekte, die bei jedem Herren der Nacht auftauchen, und andere, die einzigartig sind. Jeder der Götter steht vor einem Altar und opfert eine Quetzal-Feder, einen Gummiball und ein Bündel Holzstäbe. Als Rarität ist die Quetzal-Feder ein kostbares Opfer, während der Gummiball das aztekische Ballspiel auf Leben und Tod, Tlachtli, symbolisiert und das Bündel Holzstäbe die Nahrung für das Feuer darstellt.

HERR DER NACHT	TAGESZEICHEN	ERKENNUNGSMERKMAL
Xiuhtecuhtli	Alligator	Flammen auf dem Altar
Chalchiuhtlicue	Tod	Wellen über dem Kopf der Göttin
Cinteotl	Eidechse	Maispflanze
Itztli	Wind	Rot-weiße Obsidianklinge
Mictlantecuhtli	Schlange	Bleicher Gott mit Totenkopf
Piltzintecuhtli	Haus	Rothäutiger Gott, rote Haare
Tepeyolotl	Kaninchen	Jaguar-Flecken um den Mund
Tlaloc	Wasser	Fischsymbol auf dem Altar
Tlazolteotl	Hirsch	Schlange windet sich um Göttin

Unten links ist jede der Götterkarten mit einem weiteren Symbol versehen, mit einem der ersten neun Tageszeichen des heiligen Kalenders der Azteken. Die obige Tabelle listet sowohl die entsprechenden Tageszeichen auf als auch die anderen Erkennungsmerkmale eines jeden Herren der Nacht, die Ihnen bei der Identifizierung der Karten helfen können.

Auch in den Tier-Karten tauchen diverse aztekische Symbole auf, von denen wir im Folgenden einige erläutern.

Eidechse: Der blühende Baum über dem Körper des Tieres symbolisiert die Gaben der Eidechse, Überfluss und Fruchtbarkeit.

Rabe: Die Abbildung basiert auf einer traditionellen Vorlage. Das Paar, das sich Auge in Auge gegenübersteht, verkörpert die primäre sexuelle Spannung zwischen Mann und Frau, während der darüber schwebende Rabe die dunkle Dynamik symbolisiert, die aus der Spannung hervorgeht – Illusion, Zauberei, schwarze Magie und Manipulation.

Schlange: Die Federn auf dem Körper der Schlange sind Adlerfedern und beschwören die Vision herauf, die der Gründung Tenochtitláns voranging, den Adler, der die Schlange in seinen Klauen hält.

Wolf: Die beiden Menschen, die je einen Stab in ihren Händen tragen, der für ihre Errungenschaften steht, symbolisieren die Meisterschaft über unsere eigene polare Natur. Die vier Kreise zwischen ihnen repräsentieren die vier Himmelsrichtungen. Die Plattform, auf der die beiden stehen, ruht auf dem Herzen, dem Zentrum der Stärke und Kraft eines jeden von uns.

Die Stimme dieses Orakels liegt in den Bildern und Bedeutungen seiner 40 Karten. Es spricht zu Ihnen durch Symbole, Farben, das Design der Figuren und die Stichwörter. Unserer Erfahrung nach ist es oft hilfreich, sich vorzustellen, wie das jeweilige Tier oder der betreffende Herr der Nacht zu uns spricht, während wir die Karten legen. Dadurch erhalten wir oft zusätzliche Informationen, die unmittelbar von der Quelle stammen und meist überaus hilfreich sind.

0 – XIUHTECUHTLI

Stichwörter: Motivation, Kunstfertigkeit, Schmiede

Sie verehrten das Feuer als Gott und nannten es Xiuhtecuhtli. Sie nannten es auch Tocentah, „Jedermanns Vater", weil bei den Indianern jeder in Gegenwart des Feuers geboren wird.

*Und selbst nach ihrem Tod begleitet es sie in Form der Fackeln,
die man auf dem Weg zum Begräbnis mit sich trägt.*

DE ALCARON

Für die Azteken war Feuer nicht nur eine Lebensnotwendigkeit, sie verehrten es als Gott. Jedes Jahr wurde zu Ehren Xiuhtecuhtlis ein prunkvolles Fest gefeiert. In einer öffentlichen Zeremonie besuchten vier Priester den Tempel des Gottes, wo jeder eine Pinienfackel entzündete. Im Osten beginnend, ehrten sie die vier Himmelsrichtungen entgegen dem Uhrzeigersinn und warfen dann die Fackeln in ein zentrales Feuer. So bekräftigten sie, dass das Feuer das Zentrum aller Dinge ist und die vier Himmelsrichtungen von dieser Mitte ausstrahlen. Am Ende der Zeremonie wurden vier Freiwillige als jeweilige Repräsentanten der vier Himmelsrichtungen geopfert, um die Gegenwart des Feuers auch für das kommende Jahr zu gewährleisten.

Wenn ein Kind geboren wurde, entzündete man im betreffenden Raum ein Feuer, das vier Tage lang emsig geschürt wurde, damit es nicht erlosch. Am vierten Tage kam dann ein Priester, um das Kind zu segnen. Er entzündete eine Fackel am Geburtsfeuer und kreiste damit um den Kopf des Neugeborenen, zweimal im und zweimal gegen den Uhrzeigersinn. Dann taufte er das Kind auf einen Namen und bestimmte sein Nahualli anhand des Tages und der genauen Stunde seiner Geburt. Auf diese Weise wurde jedes neugeborene Aztekenkind von Xiuhtecuhtli, dem Herrn des Jahreskreises, gesegnet.

Wenn Xiuhtecuhtli unter Ihren Karten erscheint, ist es vielleicht an der Zeit, Ihre Motivation in Bezug auf die Situation oder Frage zu untersuchen. Um zum Kern der Angelegenheit vorzustoßen, müssen Sie sich fragen: „Welche Eigenschaften hat das Feuer?" Feuer hält Raubtiere fern. Es verwandelt Dunkel in Licht und Kälte in Wärme. Feuer transformiert. Aber es verbrennt auch. Es gibt nichts, was es nicht beleuchten könnte, und nichts widersteht seiner zerstörerischen Hitze. Motivation und

Motive sind das Schmiedefeuer, das es Ihnen erlaubt, Ihres eigenen Glückes Schmied zu sein, aber echte Motive sind etwas anderes als bloße Wünsche. Wenn Sie Ihre wahren Motive in jeder Situation erkennen können, werden Sie auch fähig sein, den jeweiligen Ausgang vorauszusagen. Bei dieser Karte geht es oft auch darum, die eigenen Fähigkeiten auszubauen und in wahre Kunstfertigkeit zu verwandeln, was Ihnen wiederum helfen wird, ein erfüllteres Leben zu führen. Nun, da Xiuhtecuhtli sich die Zeit genommen hat, Sie zu besuchen, könnten Sie ihm ja auch gleich ein kleines Feuerritual widmen. Nehmen Sie sich Zeit, die Gegenwart des Feuers zu feiern und ihm für all seine Gaben zu danken. Denken Sie einmal darüber nach, wie unsere Welt ohne das Feuer aussehen würde.

Umgekehrte Bedeutung

Vielleicht ist Ihre Motivation in Hinsicht auf die betreffende Situation gar nicht so stark, wie Sie gedacht haben. Nichts kann ohne das Feuer echter Motivation erreicht werden, und daher sollten Sie Ihren Plan noch einmal überdenken, wenn Sie sich nicht inspiriert fühlen. Vielleicht wollen Sie das Angestrebte gar nicht, oder es ist einfach nicht das, was Sie wirklich brauchen. Vielleicht sollten Sie sich auch fragen, ob Sie tatsächlich Ihr Bestes geben. Übereilte Handlungen und schlampige Arbeit sind nie das Ergebnis einer klaren Absicht und Motivation und sicher auch kein Beispiel für handwerkliche Kunstfertigkeit. Ihr Feuer mag herabgebrannt und Ihre Schmiede abgekühlt sein. Vielleicht brauchen Sie eine Auszeit, Entspannung und Ruhe, bevor Sie wieder frisch ans Werk gehen.

1 – CHALCHIUHTLICUE

Stichwörter: Traum, Imagination, Empathie, Tiefe

Chalchiuhtlicue (Jade-Rock) ist Teil einer dreifachen Göttin, die sich aus Jade-Rock, Sieben-Rock und der Herrin des Salzes zusammensetzt. Ihr Reich ist das Wasser, und sie herrscht über Seen, Flüsse, Ströme und Meere, aber nicht über den Regen, der die Domäne Tlalocs ist. Jade-Rocks Wasser ist stets von Erde umsäumt, während Tlalocs Wasser frei fließt und vom Himmel stammt. Die sprichwörtlichen Stimmungen Chalchiuhtlicues schwanken von gespannter Ruhe zu schäumender Wut, was man auch ihren Beinamen entnehmen kann: die Schäumende, die Erregte oder die Wogende. Die Welt der Vierten Sonne wurde zerstört, indem die Meere über die Ufer traten und die Erde überfluteten. Dann stürzte der Himmel ein und begrub das verbliebene Land. Die Menschen, die die Katastrophe überlebten, verwandelten sich in Fische und leben seitdem im Reich von Jade-Rock.

Das Element Wasser weckt zahlreiche Assoziationen in uns. So steht es für das Unbewusste oder die Welt der Träume, um zwei Beispiele zu nennen. Im Orakel symbolisiert Jade-Rock die Macht der Träume und der Imagination. Wobei die letztere auch ein Schlüssel zur Erinnerung an vergangene Leben ist. Wenn man fiktive Geschichten oder Fantasy-Romane schreibt, ist das zum Beispiel ein Produkt der Imagination. Diese ist aber nicht nur „Spinnerei", sondern basiert sowohl auf den Erfahrungen aus unserem alltäglichen Leben als auch auf den Erinnerungen an vergangene Leben. Als Wassergöttin ermutigt Jade-Rock uns dazu, Empathie, Mitgefühl und emotionales Wohlbefinden zu entwickeln – Eigenschaften, die eng mit dem Element Wasser verbunden sind. Empathische Menschen verstehen andere, ohne dass auch nur ein einziges Wort gesprochen wurde. Sie empfangen die Gefühle anderer und können sich sehr leicht in sie hineinversetzen. Die Weiterentwicklung dieser Fähigkeit hilft ihnen gewöhnlich dabei, im Einklang mit den eigenen Emotionen zu leben.

Wenn Sie diese Karte ziehen, sollten Sie in Ihren Träumen nach einer Antwort suchen. Das Traumland ist eine andere Welt, die parallel zu unserer Alltagswelt existiert. Wenn Sie Ihre Träume erforschen, werden Sie leicht Einsicht in die Umstände erhalten, die Ihnen gerade Sorgen machen. Denken Sie aber daran, dass die Sprache der Träume symbolischer Natur ist und Ihnen die Antworten nicht wortwörtlich gegeben werden. Doch wenn Sie Ihr eigenes Unterbewusstes bei der Interpretation der Traumsymbole zu Rate ziehen, wird alles leicht und oft plötzlich verständlich. Unser bewusster Verstand ist meist so emsig mit seinem inneren Dialog beschäftigt, dass es ihm schwer fällt, all die Dinge in den Griff zu kriegen, die uns innerlich belasten. Und hier kommen die Träume und das Unterbewusste ins Spiel. All die geheimnisvollen Regionen der Tiefe sind Jade-Rocks Reich: unsere vergangenen Leben, unsere Kindheitserinnerungen und unsere wahren (und häufig verborgenen) Gefühle und Wünsche. Jade-Rock wacht über unsere Träume, Gefühle und Phantasien. Und sie ist es auch, die Wunder ermöglicht, vor allem wenn es darum geht, Kreativität in Ihr Leben zu bringen. Bitten Sie Jade-Rock um Hilfe und sie wird Sie gern inspirieren.

Umgekehrte Bedeutung

Ihre Gefühle sind außer Kontrolle oder kontrollieren Sie – wenn Sie überhaupt noch wissen, was Ihre Gefühle sind. Ihre Reaktionen sind viel zu emotional und der Situation alles andere als angemessen. Sie fühlen sich überfordert und haben durch Ihre Reaktion alles nur schlimmer gemacht. Sie müssen sich jetzt zunächst einmal erden, auf den Boden zurückkommen. Beruhigen Sie sich! Oder bitten Sie jemanden, dem Sie vertrauen, das Ruder in die Hand zu nehmen, bis Sie wieder in Ihrer Mitte angelangt und Herr Ihrer Gefühle sind.

Die Karten ◆ 45

2 – CINTEOTL

Stichwörter: Manifestation, Ernte

Der Legende zufolge entstammt Cinteotl der Vereinigung des Sonnengottes mit der Muttergöttin. Dies ist ein interessantes mythologisches Motiv, dem wir auch in anderen Kulturen begegnen. Auf seinem täglichen Weg über den Himmel blickt der Sonnengott hinab und sieht die wunderschöne Göttin des Ackerbaus, wie sie durch die Felder streift. Sie verlieben sich, heiraten und bekommen ein Kind. Im aztekischen Mythos ist es ein Sohn, während es in der ägyptischen und griechischen Version ein Mädchen ist. Cinteotl und sein Gegenstück Tlazopilli, der Liebliche Prinz, werden als schöne Jünglinge dargestellt, die wie der Mais in die Höhe schießen und groß und stark werden. Die überall in Süd- und Mittelamerika verbreiteten Maispuppen sind Fetische, die dem Maisgott Cinteotl und anderen Erntegöttern geweiht sind.

Die aztekischen Bauern wussten schon immer um die große Verantwortung, die auf ihren Schultern lastete, und pflanzten jedes einzelne Maiskorn mit großer Sorgfalt, Dankbarkeit und Respekt. Bei jeder Aussaat wurde dem Maisgott ein Blutopfer dargebracht, um eine gute Ernte zu gewährleisten und das Volk mit genügend Nahrung zu versorgen. Die schwimmenden Gärten auf dem Tezcoco-See nahe der Hauptstadt Tenochtitlán erlaubten den Bauern sogar mehrere Ernten im Jahr.

Als einer der Herren der Nacht steht Cinteotl für die Kraft der Manifestation. Jeder Pflanzzyklus gipfelt in der Ernte dessen, was man gesät hat. Wenn wir erkennen, dass jede Handlung und jedes Wort eine Wirkung haben, können wir bewusst darauf achten, was wir säen, und auf diese Weise verhindern, dass sich etwas manifestiert, was wir gar nicht wollen. Cinteotl lehrt uns, auf jeden Schritt zu achten, da jeder Schritt eine Wirkung nach sich zieht. Er verspricht uns, dass jede unserer Handlungen Frucht tragen wird, ob wir wollen oder nicht. Natürlich sprießen aus manchen Samen nur schwache, kümmerliche, kaum lebensfähige Pflänzchen, und dasselbe gilt auch für manche unserer Handlungen. Auch sie entfalten oft kaum Wirkung, vor allem wenn wir inkonsequent sind und nicht zu Ende führen, was wir begonnen haben. Andererseits werden Handlungen, die auf fruchtbaren Boden fallen und in Folge gut genährt, gewässert und gedüngt werden, sich wie der Mais zur rechten Zeit manifestieren und reiche Frucht tragen.

Wenn Cinteotl in Ihrer Auslage erscheint, will er Ihre Aufmerksamkeit auf das lenken, was sich manifestieren wird. Er erinnert Sie daran, dass alles, was Sie gesät haben, auch Frucht tragen wird, und er fragt Sie, ob Sie das, was Sie da hegen und pflegen, auch wirklich wollen. Cinteotls Energie ist weder wertend noch bevormundend. Seine Aufgabe besteht einzig und allein darin, Ihre Wünsche, Träume und Ziele zu manifestieren, und zwar mit aller Kraft, die ihm zur Verfügung steht. Hören Sie auf Cinteotls Rat in Bezug auf Ihre Frage und ändern Sie das, was geändert werden muss, um eine reiche Ernte einzufahren.

Umgekehrte Bedeutung

Sie ernten vielleicht gerade etwas, was Sie unabsichtlich gesät haben, oder Sie stellen erst jetzt, wo Sie von den Früchten gekostet haben, fest, dass Sie sie gar nicht mögen. Prüfen Sie die Ergebnisse, so dass Sie bei der nächsten Aussaat vorbereitet sind und wissen, was Sie später einmal ernten wollen. Es kann auch sein, dass Sie die Ernte eines anderen einfahren wollen und ihn um den Lohn seiner Arbeit betrügen. Denken Sie daran, dass die meisten gestohlenen Früchte einen Wurm in sich tragen, der Sie am Ende nur krank macht.

48 ◆ Die Karten

3 - ITZTLI

Stichwörter: Knoten durchtrennen, Routinen brechen

Der erste Gott, den Sternen-Rock (die Urmutter aller aztekischen Götter) gebar, war kein Gott, wie wir ihn uns vorstellen, sondern ein Werkzeug: das steinerne Opfermesser, Itztli. Sein Name bedeutet „Heiliger Stein" und ist ein Synonym für Obsidian. Wie so oft in der aztekischen Welt glaubte man, dass Itztli nur eine weitere Erscheinungsform eines anderen Gottes sei – eine Transmutation Tezcatlipocas, der die schwarze Sonne, das glutflüssige Erdinnere und das Magma verkörpert, aus dem der Obsidian entsteht. Wenn ein Vulkan ausbrach, glaubte man, dass Tezcatlipoca sprach und dass aus seinem Maul Rauch, Asche und rhyolithische Lava quoll. Diese Art Lava erkaltet sehr schnell und erzeugt unter anderem das vulkanische Glas Obsidian. Wenn Obsidian splittert, bildet er rasiermesserscharfe Kanten, und diese Eigenschaft hat ihn schon immer zum wertvollen Rohstoff für Werkzeuge und Waffen, für Pfeilspitzen, Messer und Klingen gemacht. Opfer spielten in der aztekischen Kultur eine so zentrale Rolle, dass man das wichtigste Werkzeug, das Opfermesser, zum Gott erhob.

Wenn Sie diese Karte ziehen, sollten Sie die Hindernisse genau prüfen, die Sie vom Erreichen Ihres Zieles oder vom Erfüllen eines Versprechens abhalten. Oft haben wir diese Blockaden selbst errichtet. Vielleicht haben Sie unterbewusst Entscheidungen getroffen, die Sie vor ein scheinbar unüberwindliches Hindernis stellen, und das nur, weil Sie sich insgeheim vor dem Erfolg fürchten. Die Schuld mag auch in den nur langsam mahlenden Mühlen der Bürokratie liegen oder in einem Mangel an Kapital, das Sie bräuchten, um etwas ins Rollen zu bringen. Itztli symbolisiert auch das Überwinden von schlechten Gewohnheiten wie zum Beispiel die Dinge immer wieder aufzuschieben oder an den Nägeln zu kauen.

Itztli repräsentiert eine schneidende, trennende Energie. Die Kraft, die Sie jetzt brauchen, um den gordischen Knoten zu durchtrennen und Routinen zu brechen, steht Ihnen zur Verfügung, aber Sie müssen auch gewillt sein, sie einzusetzen. Wenn Sie das steinerne Messer aufnehmen, sollte dies mit sicherer Hand und Entschlossenheit geschehen. Wenn Ihr Verstand willig, aber Ihr Herz schwach ist, haben Sie weder die nötige Entschlossenheit noch die Kraft, die Klinge zu führen. Herz und Verstand, Bewusstes und Unterbewusstes müssen an einem Strang ziehen, um einen sauberen Schnitt durchzuführen.

Umgekehrte Bedeutung

Die umgekehrte Karte weist darauf hin, dass es in der betreffenden Situation keine Abkürzung gibt. Auch der Versuch, das Hindernis in irgendeiner Form zu umgehen, ist zum Scheitern verurteilt. In diesem Fall besteht das Hindernis aus gutem Grund. Vielleicht müssen Sie lernen, geduldig zu sein und den Dingen ihren Lauf zu lassen. Vielleicht sollten Sie aber auch einmal prüfen, ob Ihr Ziel für Sie überhaupt noch erstrebenswert und aktuell ist. Möglicherweise will Sie das Opfermesser auch nur warnen, dass das Erreichen Ihres angestrebten Zieles Sie nicht wirklich voranbringt und Ihre negative Situation bloß verfestigt.

Das umgekehrte Opfermesser steht auch häufig für bewusste Sabotage, entweder durch Sie selbst oder andere, wobei bei der umgekehrten Karte meist andere die Übeltäter sind. Denken Sie einmal darüber nach, wer von Ihrer Niederlage oder Ihrem Versagen profitiert: Wer wird sich dadurch besser oder bestätigt fühlen? Nehmen Sie sich die Zeit, Ihren derzeitigen Pfad zu überdenken und zu prüfen, wohin er führt. Wollen Sie da wirklich hin? Wenn nicht, nutzen Sie die Kraft Itztlis, um sich von all dem zu trennen, was Sie in Ihrem Leben behindert und hemmt, damit Sie wieder vorankommen und Ihr wahres Ziel erreichen können.

4 – MICTLANTECUHTLI

Stichwörter: Balance, Unabhängigkeit, Fundament

Die aztekische Religion lehrt, dass die Seele eines Verstorbenen nach dem Tode eine vierjährige Reise durch die Unterwelt antritt, bis sie schließlich in Mictlan ankommt und ihre Ruhe findet. Diese Reise hat neun Etappen, die mit den neun Stufen der Unterwelt korrespondieren. Auf der ersten gelangt die Seele an einen gewaltigen See und trifft auf einen roten Hund, der sie fortan auf ihrem Weg durch die Schrecken der Unterwelt geleitet. Auf den folgenden Etappen muss die Seele zahlreiche Hindernisse überwinden und Herausforderungen bestehen. Dazu gehört das Überqueren gefährlicher Gebirgspässe, das Ausweichen vor rotierenden Obsidianklingen und Pfeilen, der Kampf mit wilden Bestien, das Trotzen von eisigen Winden und vieles mehr, bis die Seele endlich alle Aufgaben gemeistert hat und Mictlan erreicht. Auf dieser neunten Stufe trifft sie dann auf Mictlantecuhtli, den Herrn des Todes, und findet ihre Ruhe.

Aus unbekannten Gründen wird der Herr des Todes in den Mythen der Welt nicht so häufig erwähnt wie andere Götter. So hatten die Griechen nur einen einzigen Tempel, der ihrem Unterweltgott Hades geweiht war, und außer der Geschichte von Hades und Persephone sind kaum Mythen überliefert, in denen er eine Rolle spielt. Bei den Azteken bietet sich dasselbe Bild. Es scheint, dass niemand die Aufmerksamkeit des Todes auf sich ziehen wollte, zumal man ihm ohnehin früh genug begegnen würde. In Folge der Konquista und der spanisch-katholischen Vorherrschaft in Mexiko wurde Mictlantecuhtli zunehmend mit dem Teufel und Mictlan mit der Hölle assoziiert, was jedoch keineswegs dem aztekischen Bild vom Tod und der Unterwelt entspricht. Das wenige, was wir wissen, ist, dass man mit dem Herrn des Todes feilschen kann. So verhandelt zum Beispiel der Gott Quetzalcoatl in einer der zahlreichen Varianten der aztekischen Schöpfungsgeschichte mit Mictlantecuhtli über ein paar versteinerte Knochen, aus denen schließlich die Menschen der Fünften Sonne geschaffen wurden.

Die hervorstechendste Eigenschaft, die den Herren des Todes auszeichnet, ist die Balance. Ausgeglichenheit in allen Aspekten war ein Markenzeichen der aztekischen Gesellschaft. Das Gleichgewicht mit der Natur, das rechte Maß in der Verwendung psychotroper Pflanzen sowie Ausgeglichenheit hinsichtlich sexueller Aktivitäten. Balance ist übrigens kein dualistisches Konzept, auch wenn sie oft durch eine Waage oder zwei Waagschalen symbolisiert wird. Für die Azteken war sie stets ein vierteiliges Konzept: warm/kalt/feucht/trocken, Norden/Süden/Osten/Westen oder Feuer/Wasser/Erde/Luft. Die Zahl Vier korrespondiert auch mit der Zahl der Jahre, die die Seele durch die Unterwelt wandert, genauso wie mit der Zahl der Tage nach der Geburt, bis sich das Nahualli mit der Seele des Neugeborenen verbindet.

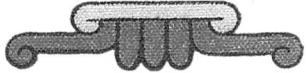

Wenn der Herr des Todes in Ihrer Auslage erscheint, sollten Sie einmal prüfen, wie Sie in Krisensituationen reagieren und interagieren. Verlieren Sie leicht den Kopf und werden von Stress, Sorgen und Ängsten überwältigt? Oder bleiben Sie ruhig und gelassen? Der Herr des Todes schätzt Ausgeglichenheit über alles und die, die selbst unter widrigsten Umständen ihr Gleichgewicht wahren, genießen seinen besonderen Segen und Schutz. Diese Karte weist außerdem darauf hin, dass für jedes Projekt zunächst eine solide Grundlage geschaffen werden muss. Bei einem Haus ist die Stabilität des Fundaments meist wesentlich wichtiger als die der Wände oder des Daches, weil letztere leichter ersetzt werden können. Ein solides Fundament führt auch bei all Ihren Aktivitäten zu stabilen, dauerhaften Ergebnissen und zu mehr Unabhängigkeit in Ihrem Leben.

Umgekehrte Bedeutung

Die umgekehrte Karte sagt Ihnen, dass Ihr derzeitiges Verhalten alles andere als ausgeglichen ist und dass Sie sich auf unsicherem Boden bewegen. Extreme Gedanken, Ansichten, Emotionen und Verhaltensweisen führen nur selten zu etwas Gutem und machen die Situation meist nur schlimmer. Die Karte mag auch darauf hinweisen, dass Sie zu sehr auf die Anerkennung anderer schielen und sich deren Meinungen und Ansichten anpassen. Sie lassen andere für sich entscheiden und geben Ihre Verantwortung ab. Auf diese Weise können Sie dann immer leicht andere für Ihr eigenes Unglück verantwortlich machen und sich selbst scheinbar aus der Affäre ziehen. Eine solche Haltung gibt Ihnen vielleicht ein Stückchen vermeintlicher Freiheit, aber sie hat ganz und gar nichts mit Gleichgewicht oder Balance zu tun. Ihnen fehlt das stabile Fundament, auf das Sie Ihr Leben gründen könnten. Sie haben es leichtfertig an jemand anderen abgetreten.

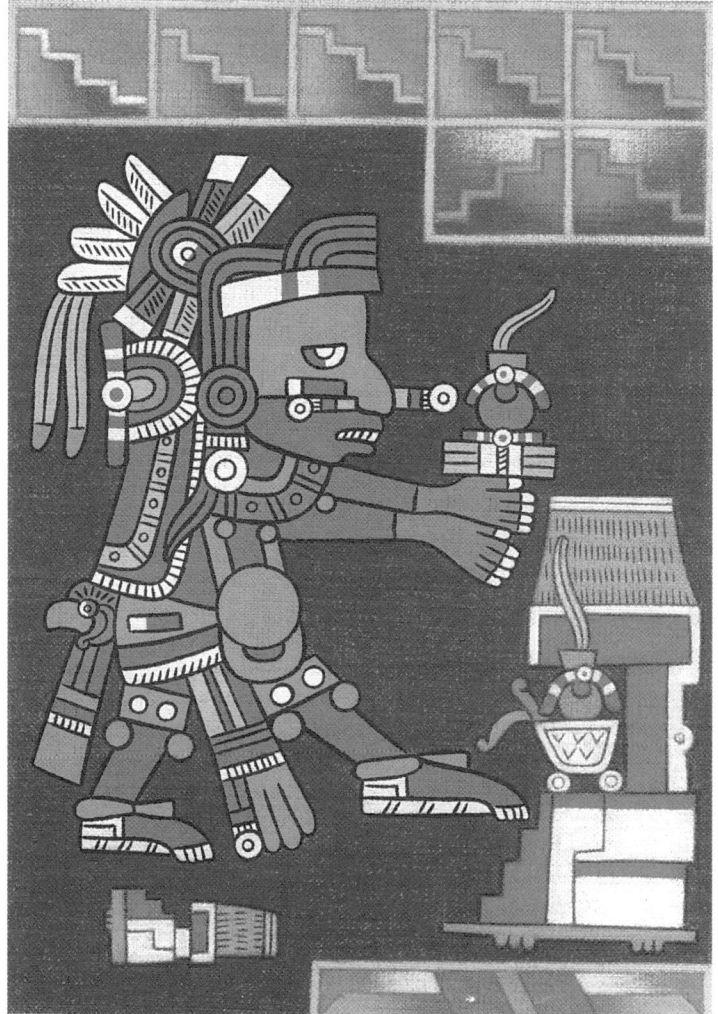

5 – PILTZINTECUHTLI

Stichwörter: Vergeltung, Rache, Gerechtigkeit

Der aztekische Mythos vom allabendlichen Tod der Sonne im Westen und ihrer täglichen Auferstehung im Osten ist eine Geschichte, die von ausgleichender Gerechtigkeit handelt. Dem Mythos zufolge ließ sich die altersschwache Sonne eines Tages auf eine Runde *Tlachtli* (das Ballspiel der Azteken) mit der Nacht ein. Der Sonnengott verlor, wurde geopfert und begraben. Später versuchte Piltzintecuhtli (der Herr der Prinzen), die junge Sonne, das Grab seines Vaters zu finden und seine Knochen aus der Unterwelt zurückzuholen. Nachdem er die Knochen ausgegraben hatte und forttrug, machte er Rast, um zu essen. In dem Moment, in dem die Knochen wieder mit der Erde in Berührung kamen, sprang ein Hirsch von der Stelle auf und rannte in Richtung Norden, wobei die Strahlen der Sonne aus seinem Fell schossen und die Nacht vertrieben. Auf diese Weise hatte Piltzintecuhtli den Sieg der Nacht über den Tag rückgängig gemacht und verdiente sich seinen Platz am Himmel als die Frühlingssonne, weil er den Tod seines Vaters gerächt hatte. Rache und Vergeltung sind meistens süß, wenn es diejenigen trifft, unter denen man selbst gelitten hat.

Rachegelüste sind aber nicht nur eine Domäne derer, denen Unrecht geschehen ist. In der faszinierenden Studie „Sind Leute bereit zu zahlen, damit andere weniger verdienen?", die 2001 an der Oxford Universität durchgeführt wurde, untersuchten Oswald und Zinn das bekannte Phänomen, dass der Erfolg von einzelnen Gruppenmitgliedern automatisch den Groll der übrigen Mitglieder nach sich zieht. In einer Computersimulation verwalteten die Teilnehmer ihre Konten und trafen geschäftliche Entscheidungen. Am Ende stellte sich heraus, dass die Teilnehmer bereit waren, 25 Prozent ihres Vermögens zu investieren, um erfolgreicheren Versuchsteilnehmern zu schaden. Das Phänomen tritt selbst dann auf, wenn die Ausgangsvoraussetzungen für alle Teilnehmer gleich sind und es keinerlei Betrugs- oder Manipulationsmöglichkeit gibt.

Wenn Sie diese Karte ziehen, sind die Kräfte von ausgleichender Gerechtigkeit, von Vergeltung und Rache am Werk. Vergeltung stärkt Ihre eigene Position und Ihren Selbstwert. Rache bringt eine gewisse Befriedigung und das Wissen, dass der, der Ihnen etwas angetan hat, nicht ungeschoren davongekommen ist. Beide gehören zu einem natürlichen Ausgleichsprozess, den man auskosten sollte. Es ist aber wichtig klarzustellen, dass die Energie, die diese Karte umgibt, (wie bei allen Karten in diesem Orakel) eine reine Energie ist. Sie ist keineswegs durch egoistische Motive getrieben, sondern lediglich durch ein natürliches Verlangen nach Ausgleich und wahrer Gerechtigkeit.

Umgekehrte Bedeutung

Die umgekehrte Karte weist darauf hin, dass Sie aus den falschen Gründen nach Rache streben. Untersuchen Sie Ihre Motive: Neiden Sie anderen den Erfolg? Glauben Sie, dass Sie unfair behandelt wurden? Rache und Vergeltung, die sich auf fragwürdigen Motiven oder Vermutungen gründen, führen nie zu einem gerechten Ausgleich und fallen immer wieder auf Sie selbst zurück. Sie lassen einen Teufelskreis der Negativität entstehen, aus dem es keinen Ausweg gibt. Denken Sie daran, dass das Schwert der Gerechtigkeit zweischneidig ist und auch Sie treffen kann. Hüten Sie sich außerdem davor, sich in die Opferrolle zu begeben, weil dies Ihre persönliche Kraft nur weiter schwächt und einen gerechten Ausgleich von vornherein unmöglich macht.

6 – TEPEYOLOTL

Stichwörter: Magie, Voraussicht

Tepeyolotl, dessen Name „Herz des Hügels" bedeutet, ist der in den göttlichen Stand erhobene Jaguar. In der aztekischen Kosmologie der Fünf Sonnen war er es, der die Erste Sonne erschuf, und das ist auch der Grund, warum man ihn mit Magie und Zauberei in Verbindung bringt. Alles begann mit dem Jaguar und es wird geweissagt, dass auch am Ende des jetzigen Zeitalters, wenn gewaltige Erdbeben die Welt der Fünften Sonne zum Einstürzen bringen, der Jaguar seine Tatzen im Spiel haben wird.

Tepeyolotls Kräfte sind die Fähigkeit, in die Zukunft zu sehen, und die Gabe zur Formwandlung – die beiden Pfeiler magischer Macht. Seine Priester waren für die Verwendung halluzinogener Substanzen bekannt, so etwa der psychotropen Liane *Yaje* (auch bekannt als *Ayahuasca*). Bei den Medizinmännern Süd- und Mittelamerikas sind die Wirkungen dieser Pflanze genauestens bekannt und man nutzt sie sowohl zur Diagnose und Heilung von Krankheiten, um zukünftige Taten, Ereignisse und Katastrophen vorauszusehen, als auch buchstäblich dazu, mit den Göttern und Tieren zu kommunizieren und die Ordnung der Natur und des Universums zu erkennen. Die Priester des Tepeyolotl ahmten alle Äußerungen und Merkmale des Jaguars nach und von manchen wird sogar berichtet, dass sie sich physisch in einen Jaguar verwandelten. Es gab außerdem eine ausgefeilte Jaguar-Medizin, bei der zum Beispiel die Haut eines Patienten, der von einer Schlange gebissen worden war, mit Jaguarkrallen geritzt und mit verbranntem Jaguarfell gerieben wurde, um das Gift herauszuziehen und zu neutralisieren.

Das Erscheinen Tepeyolotls weist auf die Kräfte der Magie hin, die auch Ihnen zur Verfügung stehen. Magie ist nicht mehr und nicht weniger als ein bewusster Schöpfungsakt, bei dem drei Prinzipien zum Einsatz kommen: Wille, Verlangen und Vorstellungskraft. Ob Sie nun ein Magier, Zauberer, Medizinmann oder nur ein interessierter Anfänger sind – die Prinzipien stehen uns allen zur Verfügung. Wille ist das fokussierte mentale Bestreben, etwas durchzuführen: die kraftvolle und unbeugsame Konzentration, die es nichts und niemandem erlaubt, Ihre Aufmerksamkeit vom Ziel abzulenken. Man könnte den Willen daher auch als *ungeteilte Aufmerksamkeit* bezeichnen. Verlangen, auch *Absicht* genannt, ist ein brennendes Gefühl, das vom Körper Besitz ergreift und ihn vorantreibt, bis das Ziel verwirklicht ist. Man kann dieses Gefühl mit einer Lupe vergleichen, die man zum Brennglas umfunktioniert. Das Licht wird in der Linse gebündelt und auf einen Punkt fokussiert, bis die Temperatur dort den Punkt erreicht hat, an dem das Feuer entfacht. Das Verlangen dient als Fokus der Gefühle und der Wille als Fokus der Gedanken. Dazu kommt noch die Vorstellungskraft. Sie ist das schöpferische Gefäß, die Gebärmutter, die unseren Bestrebungen Gestalt verleiht. Nutzen Sie Ihre Vorstellungskraft, um die erstrebten Resultate zu visualisieren. Verwenden Sie alle drei Prinzipien gleichzeitig und aus Ihnen ist ein Magier geworden.

Es ist an der Zeit, die oben beschriebenen Prinzipien zu nutzen und Ihre Träume Wirklichkeit werden zu lassen. Wille, Verlangen und Vorstellungskraft werden Sie an Ihr Ziel führen und Ihr Leben bereichern.

Umgekehrte Bedeutung

Vielleicht beherrschen Sie eins der drei Prinzipien der Magie noch nicht richtig. Wille, Verlangen und Vorstellungskraft müssen zusammenwirken, um etwas zu erschaffen. Finden Sie heraus, wo Ihre Schwäche liegt oder was Sie hindert, das betreffende Prinzip zu nutzen. Vielleicht müssen Sie Ihr Leben ändern, um Ihren Zielen gerecht zu werden? Es ist auch möglich, dass Ihnen alle drei Prinzipien der Magie zur Verfügung stehen, aber dass Sie entweder nicht willens oder nicht fähig sind, im alltäglichen Leben auf Ihre Ziele hinzuarbeiten. Sie können all Ihren Willen, all Ihr Verlangen und all Ihre Vorstellungskraft auf einen Sechser im Lotto konzentrieren – wenn Sie nicht in die Lottoannahmestelle gehen und einen Spielschein abgeben, hilft Ihnen auch keine Zauberei.

7 – TLALOC

Stichwörter: Wachstum, Ausdehnung, Kultivierung

Tlaloc (Der Die Erde Fruchtbar Macht) ist älter als die aztekische Kultur und geht auf die Olmeken zurück, bei denen er als Epcoatl (Muschel-Schlange) verehrt wurde. Er ist ein König im Ruhestand, der sich auf einen Berg zurückgezogen hat und von dort den Regen beschwört. Tatsächlich wurde bei den Azteken jeder Berg, um den sich Wolken sammeln, als

Tlaloc bezeichnet. Für sie waren Berge Lebewesen und keine tote Materie. Um ihre Gipfel sammelten sich die Wolken, aus denen der Leben spendende Regen fiel. In Dürre- und Trockenzeiten blickten die Menschen hinauf zu den Gipfeln und brachten Tlaloc Opfer dar, damit er ihnen Regen schenkte. Es ist in diesem Zusammenhang wichtig, zwei Dinge zu unterscheiden: Das irdische Wasser in Seen und Flüssen war stets die Domäne der Göttin Chalchiuhtlicue, während der Regen, der vom Himmel kam, in den Machtbereich Tlalocs gehörte.

Die aztekischen Mythen berichten von einer Zerstörung der Welt durch Wasser, ähnlich der biblischen Sintflut. Tlaloc beauftragte zwei Menschen, einen Mann und eine Frau, einen Baum zu fällen, ihn auszuhöhlen, zwei Maiskolben mitzunehmen und nichts mehr zu essen. Sie taten, wie ihnen geheißen, bestiegen den Einbaum und warteten. Es begann zu regnen und die Erde wurde überflutet. Als der Regen endlich nachließ und der Einbaum festes Land erreichte, stiegen die beiden aus. Sie waren so glücklich, wieder an Land zu sein, dass sie Tlalocs Mahnung vergaßen, ein paar Fische fingen und aßen. Als sie ihr Mahl beendet hatten, fielen ihnen Tlalocs Worte wieder ein. Tlaloc war so erzürnt über ihren Ungehorsam, dass er die Schleusen des Himmels ganz öffnete und die Welt endgültig überflutete, was zum Ende der Ära der Vierten Sonne führte.

Im Orakel repräsentiert Tlaloc die Kraft des Wachstums. Ohne Wasser ist kein Leben möglich. Und durch das Wasser wird es stetig erneuert. In Bezug auf Ihre Frage liegt die Antwort in Ausdehnung, denn Tlaloc verspricht Ihnen Wachstum, neues Leben und Fruchtbarkeit. Wachstum findet immer in fünf Stufen statt: das Aufkeimen der Samen, das Wurzelwachstum, die Entwicklung von Stamm und Blättern, Blüte und Frucht sowie die erneute Aussaat der Samen. Ihre Samen sind bereits aufgekeimt. Nun geht es darum, das zu entwickeln und wachsen zu lassen, was Sie in Gang gesetzt haben. Um in der Analogie zu bleiben, geht es entweder darum, die Wurzeln zu stärken oder Blätter auszutreiben. Sind Sie mit dem Wachstum zufrieden? Überprüfen Sie die Entwicklung Ihres Projekts oder das Wachstumspotential der betreffenden Angelegenheit und ändern Sie, was Sie ändern müssen, um Ausdehnung und Wachstum zu sichern.

Umgekehrte Bedeutung

Dies ist meist ein Hinweis auf eine negative Expansion, auf einen Teufelskreis fehlgeleiteter Energie, die sich anhäuft, bevor es zum Zusammenbruch kommt. Ein sprichwörtlicher Krebs wächst in Ihrem Leben, und wenn Sie die Ursache hierfür nicht finden und beseitigen, wird er so lange weiter wachsen, bis sie daran zugrunde gehen. Wenn Sie sich in einer solchen Lage befinden, stagniert der Erfolg und Sie machen ständig dieselben Fehler. Dieses Muster läßt sich nicht ändern. Lassen Sie es ganz hinter sich und entscheiden Sie sich für etwas Neues, das besser für Sie ist. Wiederholen Sie Ihren neuen Vorsatz wieder und wieder, bis er zum positiven Muster geworden ist, der das alte ersetzt. Denken Sie daran, dass ein negatives Muster gar nicht erst entstehen kann, wenn Sie es nicht durch Ihre Lebensweise und Einstellungen fördern und nähren. Daher sollten Sie Ihr Verhalten von Grund auf ändern und sich für neue Routinen entscheiden, die einen besseren Einfluss auf Ihr Leben haben.

8 – TLAZOLTEOTL

Stichwörter: Rückkehr zum Ursprung, Quelle, Wurzeln

Manche betrachten diese Herrin der Nacht als eine Transfiguration der Göttin Kostbare Blume, der Göttin der Liebe, Schönheit und Sinnlichkeit. Aber im Unterschied zu Kostbare Blume ist Tlazolteotl ausschließlich für den Bereich der Sexualität und die Heilung sexuell bedingter Störungen zuständig. Sie wird oft mit bloßen Brüsten und einer Korallenotter zu ihren Füßen dargestellt. Ihre Festtage wurden mit phallischen Ritualen begangen und zu ihren Anhängern gehörten auch zahlreiche Prostituierte. In dieser Hinsicht ähnelt Tlazolteotl (die Unratverschlingerin) der ägyptischen Bastet, der katzengestaltigen Göttin der Sexualität und des Vergnügens.

Wie viele Götter des aztekischen Pantheons wurde sie von den Vorläufern der Mexica übernommen. Tlazolteotl wurde bereits von den Huaxteken verehrt. Ihr wurde nicht nur die Macht zugeschrieben, sexuelles Verlangen zu wecken, sondern auch die Kraft, sexuelle Übertretungen und Sünden wie den Ehebruch zu vergeben. Aufgrund dieser Eigenschaft und der Gabe zur Heilung sexueller Störungen erhielt sie auch ihren Namen. Die Azteken glaubten, dass Tlazolteotl buchstäblich den Unrat, das heißt die Krankheiten, Störungen und Sünden derjenigen verschlingen würde, die ihre Hilfe suchen. Dabei waren die Mexica längst nicht so prüde wie ihre christlichen Eroberer. Sex war für sie etwas, das gefeiert und genossen werden durfte, wenn auch in Maßen. Das Vergnügen, das sie aus ihren sexuellen Betätigungen zogen, bildete sogar ein willkommenes Gegengewicht zu dem Chaos und der Furcht, die andere Bereiche ihres Lebens beherrschten. Die sexuelle Offenheit der aztekischen Frauen war weithin bekannt, während die Männer dazu erzogen wurden, sparsam mit ihren Kräften umzugehen, damit sie noch im hohen Alter ihre Partnerinnen beglücken konnten. Ansonsten ließen sie sich ganz von ihren Trieben leiten. Denn was konnte es Natürlicheres geben als die lustvolle Vereinigung von zwei Menschen, die sich lieben? Natürlich war diese Einstellung den spanischen Eroberern und der katholischen Kirche ein Dorn im Auge. So nannte der Priester Torquemada Tlazolteotl „eine dreckige, schmutzige, befleckte Göttin", und der bekannte Chronist und Priester Sahagun sagte zu Mädchen, die ihre Jungfräulichkeit verloren hatten: „Ihr habt euch dem Tlacotecolotl [dem Teufel] verschrieben ... und gehört nun zu den Huren. Ihr seit nur noch ein Stück Dreck." (Sahagun: Florentiner Kodex, Band 7, S. 156)

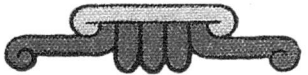

Tlazolteotl repräsentiert die Rückkehr zum Ursprung, zur Quelle und zu dem, was natürlich ist. Wenn Sie diese Karte ziehen, sollten Sie nach der

Wurzel Ihres Problems suchen oder zum Kern der Situation vorstoßen. Was ist die Ursache des Problems? Was ist das Wesen der Angelegenheit? Das alles muss erst einmal gar nichts mit Sex zu tun haben, da Tlazolteotls Macht weit darüber hinausreicht. Sahagun betrachtete sie als eine Art aztekische Venus, aber auch dieser Vergleich hinkt. Tlazolteotl ist eine Heilerin, und wie jeder gute Heiler packt sie das Übel an den Wurzeln, statt Symptome zu behandeln. Das ist auch der Grund, warum Sie selbst zum Kern der Sache vorstoßen sollten. Vielleicht haben Sie im Laufe der Jahre einen Teil Ihres Selbst oder Ihre Träume verloren. In diesem Fall weist die Karte darauf hin, dass es an der Zeit ist, das Verlorene zurückzuholen und in die Ganzheit Ihres Selbst und in Ihr Leben zu integrieren.

Umgekehrte Bedeutung

Die umgekehrte Karte deutet darauf hin, dass Sie sich von Nebensächlichkeiten ablenken lassen oder die Situation falsch einschätzen. Warum auch immer, Sie sind von Ihrem Weg abgekommen und Ihre Energie versickert in unproduktiven Kanälen. Da ist ein Teil von Ihnen, der einfach nicht gesund werden will, oder Sie glauben sogar, dass Sie gar nicht krank seien. Suchen Sie nach der Ursache für Ihre falsche Einschätzung und Sie werden auf Ihren Weg zurückfinden. Es kann auch durchaus sein, dass Sie an der misslichen Situation oder an Ihrem selbstzerstörerischen Verhalten festhalten, weil Sie glauben, Sie verdienten es nicht besser, oder weil Sie einfach nicht mehr der junge Idealist sind, der Sie einmal waren. Das ist schlichtweg falsch. Jeder von uns hat die Fähigkeit, sich selbst zu heilen und ein erfülltes, glückliches Leben zu führen.

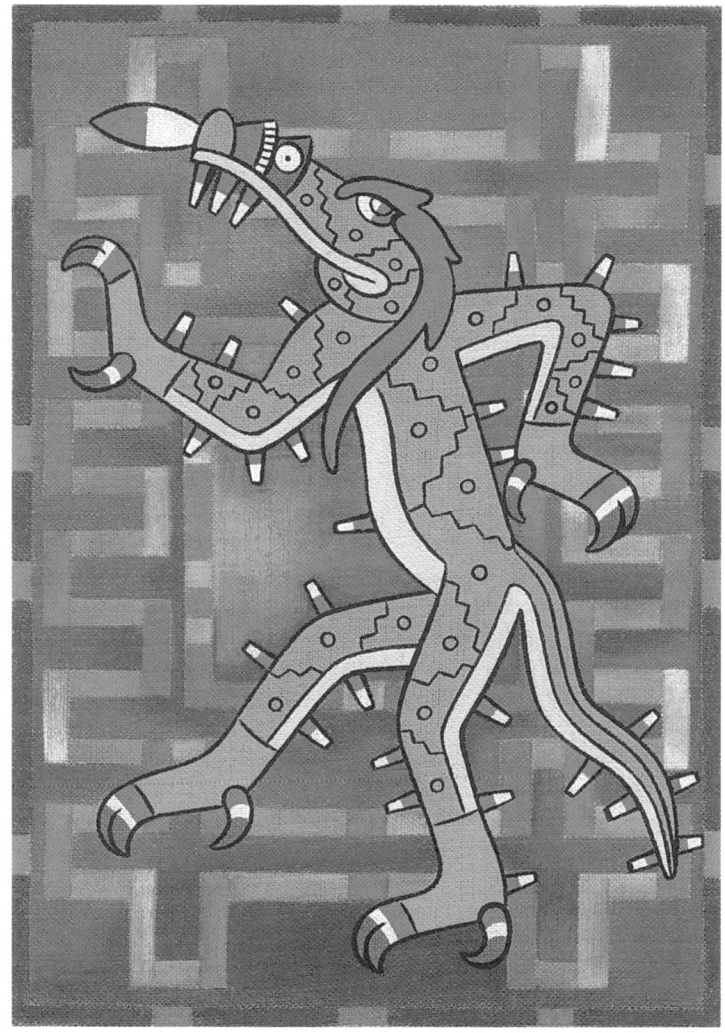

9 – ALLIGATOR

Stichwörter: Karmische Lektionen, Prüfungen, Traumata

Im Anfang, bevor das Festland entstand und alles vom Meer bedeckt war, gab es den Alligator. Sowohl die Azteken als auch die Maya schreiben die Schöpfung des Alligators ihren jeweiligen Schöpfergöttern zu: Tonacatecuhtli und Itzamna. Bei den Azteken galt Tonacatecuhtli als Gott der Ernährung, als Schöpfer und allumfassender Herrscher. Er zog den Alligator aus dem Wasser und formte aus seinem gewaltigen Rücken das Festland. Der Mythos des Alligators symbolisiert den traumatischen Übergang vom Meer zum Festland, vom Chaos zur Ordnung – und dies ist der Kern der Lektion dieses urtümlichen Biestes.

Alligatoren sind lebende Dinosaurier. Ihre Abstammungslinie reicht mehr als 65 Millionen Jahre zurück und sie haben sich seit jener Zeit kaum verändert. Sie gehören zu den intelligentesten Reptilien und das Gehirn eines Alligators ist größer und leistungsfähiger als das der meisten anderen Echsen. Sie können bis zu sechs Meter lang werden und wiegen oft mehr als eine Tonne, was sie zum größten Raubtier Mittelamerikas macht. Der Alligator hat einen zwiespältigen Ruf, da er sich einerseits fürsorglich um seinen Nachwuchs kümmert und andererseits als wilde Bestie gefürchtet ist. Trotz seiner Kraft und Intelligenz ist er heute vom Aussterben bedroht – und das ist vor allem der menschlichen Gier nach Krokodil-Leder sowie den Auswüchsen blinder Furcht zu verdanken.

Wenn der Alligator in Ihrer Auslage auftaucht, ist dies meist ein Hinweis auf einen Auflösungsprozess. Es mag sich so anfühlen, als ob alles, wofür Sie gearbeitet haben, sich in Nichts auflöst. Die Grundlagen Ihrer Existenz sind in Frage gestellt und all das, auf was Sie sich zuvor verlassen konnten, beginnt sich plötzlich zu wandeln. Neuanfänge sind stets schwierig und können traumatisch und beängstigend sein. Wir wissen nicht immer, was sich hinter der nächsten Ecke verbirgt. Denken Sie aber auch daran, dass die Alligator-Energie nährend und schützend ist. Sie hilft Ihnen, auf uralte Weisheiten zurückzugreifen, die Ihnen in Ihrer jetzigen Situation nützlich sind. Die unmittelbare Manifestation einer Veränderung kann Ihr Leben erschüttern, aber wie ein Erdbeben geht sie meist rasch vorüber und wird Sie geläutert und mit neuen Kräften zurücklassen. Unter der dicken Haut des Alligators ist große Weisheit verborgen – und die Aussicht, Herausforderungen zu bestehen und eine persönliche Wiedergeburt zu erleben. Ihr neues Selbst wird stärker sein, nachdem Sie die widrige oder auch furchterregende Situation siegreich gemeistert haben.

Es kann sein, dass Sie sich selbst in einer Situation wiederfinden, die sich auf die eine oder andere Weise regelmäßig in Ihrem jetzigen oder auch in Ihren vergangenen Leben wiederholt hat. Betrachten Sie solche karmische Situationen als Geschenk und als eine weitere Gelegenheit, Ihre Lektion ein für alle Mal zu lernen. Das karmische Muster wird sich so lange in Gestalt ähnlicher Situationen in Ihrem Leben wiederholen, bis Sie es endlich durchdringen und dann endgültig loslassen.

Umgekehrte Bedeutung

Sie haben wahrscheinlich zahllose Hinweise darauf erhalten, dass Sie etwas ändern müssen, aber Sie haben sich hartnäckig dagegen gewehrt. Wenn Sie jetzt nicht endlich etwas ändern, werden sich die Umstände weiter verschlechtern und den Wandel erzwingen. Es ist viel besser, Veränderungen einfach willkommen zu heißen, statt gegen sie zu kämpfen und dabei die eigenen Ressourcen zu erschöpfen. Lassen Sie sich Ihren Weg nicht durch Furcht, Selbstverleugnung und Sturheit versperren.

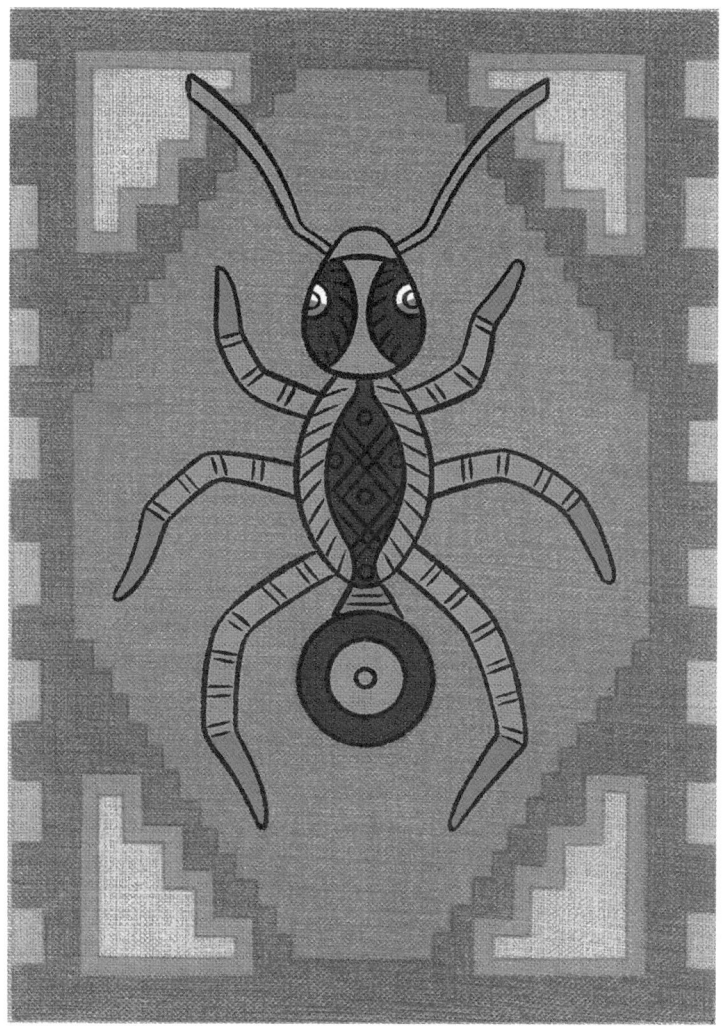

10 – AMEISE

Stichwörter: Geduld, Ausdauer, Teamwork

Eines Tages bemerkte Quetzalcoatl, die Gefiederte Schlange, eine rote Ameise, die im Schatten eines Berges mit einem Maiskorn beschäftigt war. Um besser zu sehen, was die Aufmerksamkeit der Ameise so sehr fesselte, verwandelte sich der Gott selbst in eine schwarze Ameise und näherte sich seinem Freund. Die rote Ameise führte die schwarze zum

Fuße des Berges, wo all der Mais wuchs. Immer noch in Gestalt einer Ameise, trug Quetzalcoatl Körner zu den anderen Göttern. Der Mais schmeckte ihnen und sie entschieden, dass die Menschen seinen Anbau lernen und sich davon ernähren sollten. In Gestalt des historischen Prinzen Topiltzin, des Gründers von Tula und des toltekischen Reiches, brachte Quetzalcoatl den Menschen den Mais und führte sie in die Geheimnisse des Ackerbaus ein. Der Maisanbau erfordert Geduld, Ausdauer, Organisation und vor allem Teamwork – alles Eigenschaften, die die Ameise auch jenseits der mythologischen Ebene verkörpert.

Die Ameisen-Weisheit lehrt uns, dass wichtige Dinge nicht übereilt werden sollten und dass auf Geduld und Ausdauer basierende Handlungen meist mehr Erfolg versprechen als solche, die auf Furcht und Verlangen gründen. Die besten Dinge im Leben geschehen, wenn sie geschehen sollen, und nicht, wenn wir es wünschen. Die Ameise verkörpert den Sieg methodischer Ausdauer. Sie weiß, dass der Erfolg oft einfach davon abhängt, dass man nicht aufgibt und jeder auch noch so kleinen Gelegenheit nachgeht, die einem dem Ziel näher bringt. Lauschen Sie auf die Stimme der Ameise in Ihrem Herzen – arbeiten Sie fleißig und ausdauernd. Die Ameise ist das perfekte Beispiel für kleine Dinge mit großer Bedeutung. Wir Menschen könnten vollständig von der Erde verschwinden, und keines der natürlichen Systeme auf dem Planeten würde davon nachhaltig beeinflusst. Ohne die Ameisen würde hingegen das ganze globale Ökosystem sehr schnell zusammenbrechen.

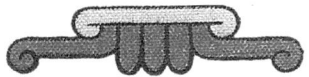

Es bedarf eines gewissen Maßes an Vertrauen, um Hindernisse wie eine Ameise anzugehen. Diese Karte sagt Ihnen, dass es keine schnelle Lösung, kein Patentrezept für Ihr Problem und keine einfache Antwort auf Ihre Frage gibt. Das alles mag für Sie belastend sein und erst recht das Bedürfnis wecken, voranzupreschen und das Hindernis mit Gewalt zu nehmen. Aber Hindernisse dieser Art wachsen dann nur und werden stärker, bis sie unüberwindlich scheinen und Sie an einem Punkt anlangen, an dem Sie ganz aufgeben möchten. Wenn Sie statt dessen auf die Weisheit der Ameise lauschen und begreifen, dass die Lösung in Ausdauer und Geduld liegt, werden Sie das Hindernis gewiss überwinden. Ameisen mögen winzige Kreaturen sein, aber durch ihre geduldige und systematische Arbeit schaffen sie Großes. Diese Karte sagt Ihnen, dass Sie durchhalten und Schritt für Schritt vorangehen müssen. Seien Sie fleißig und gründlich, denn der Erfolg wird sich einstellen, wenn Sie nicht aufgeben und nicht die Geduld verlieren. Nehmen Sie auch jede Hilfe von außen in Anspruch, ganz gleich ob es sich um praktische Hilfe oder um geistigen Beistand in Form guter Ratschläge handelt.

Umgekehrte Bedeutung

Eine Kolonie Wanderameisen kann ein ganzes Ökosystem zerstören und alles pflanzliche und tierische Leben in einem Gebiet vernichten. Andere Arten werden das betroffene Areal meiden und es den Ameisen überlassen. Wenn ein aztekischer Bauer Probleme mit Ameisen hatte, rief er einen Priester zu Hilfe, der dann einen Ameisen-Zauber vollführte, um die Tiere zu vertreiben. Er beschwor Regen herauf, um den Ameisenhügel zu überschwemmen. Er redete den Ameisen ins Gewissen und erklärte ihnen, welchen Schaden sie unter Menschen, Tieren und Pflanzen anrichteten. Er befahl ihnen, das Weite zu suchen oder die Konsequenzen zu tragen. Wenn diese Karte umgekehrt vor Ihnen liegt, führen Ausdauer und Geduld nicht zum Erfolg. Anstatt zu warten und sich in Geduld zu üben, sollten Sie gleich entschlossen handeln. Handeln Sie zielsicher und energisch. Die Gelegenheit ist günstig, aber nur von kurzer Dauer. Nutzen Sie sie. Handeln Sie jetzt!

11 – DACHS

Stichwörter: Schatten, Verdrängung, Selbstverleugnung

Im aztekischen Pantheon ist die Unterwelt ein von Monstern bevölkerter Ort – ein Hort des Schreckens, der Furcht und des Schmerzes. Einer der Herrscher dieses finsteren Reichs war Xolotl. Auf alten Darstellungen gleicht er oft einem Hund, aber die Streifen auf seiner Schnauze legen nahe, dass der Dachs das wahre Nahualli des Unterweltgottes ist.

Dachsklauen sind nicht nur wunderbare Grabwerkzeuge, sondern auch scharfe und gefürchtete Waffen. Gemessen an seiner Größe, gehört der Dachs zu den kräftigsten Tieren überhaupt. Wer einmal den Angriff eines solchen Tieres beobachtet hat, wird seine Wildheit nie vergessen. Ein Forscher aus Utah berichtete einmal vom Kampf zwischen einem Dachs und zwei Kojoten. Nach einem wilden Gemetzel verlor der Dachs nicht einen einzigen Tropfen Blut auf seinem kilometerlangen Weg zurück zu seinem Bau, während beide Kojoten schwere Verletzungen davontrugen, vor Erschöpfung bald Rast machen mussten und ihre Wunden leckten. Die meisten Tiere wissen um die sprichwörtliche Grimmigkeit des Dachses und lassen ihn daher in Ruhe. Sein einziger natürlicher Feind ist der Mensch.

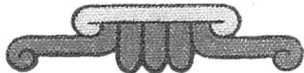

Es gibt zahlreiche Parallelen zwischen der mythischen Unterwelt und dem Schattenreich unseres eigenen Unterbewusstseins. Das Hervorholen verdrängter Erinnerungen und alter Verletzungen ähnelt oft dem Erforschen einer finsteren Höhle, die genauso furchterregend ist wie die aztekische Unterwelt. Für viele von uns umhüllt ein Schatten die schmerzhaften Erinnerungen der Kindheit – die Momente, in denen unsere Schwächen ausgenutzt wurden, in denen wir uns schämten oder in denen wir körperlich, seelisch oder mental verletzt wurden. Und in diesem Schatten tummeln sich nicht nur diese Erinnerungen, sondern auch die monströsen Ausgeburten unserer selbstzerstörerischen Glaubenssätze, die wir im Gegenzug erschaffen haben. Der Dachs kann unser Führer durch die Unterwelt sein und uns vor all den Monstern und Gefahren beschützen, wenn wir unseren eigenen Schatten erforschen, integrieren und ins Licht des Bewusstseins bringen wollen.

Wenn Sie diese Karte ziehen, sollten Sie sich auf die dunklen Plätze in Ihrem Inneren konzentrieren. Erforschen Sie sich selbst, wie Sie eine dunkle Höhle erforschen würden. Das verfügbare Licht (das bewusste Wissen) wächst stetig an, und Sie bemerken tausende Spalten und versteckte Winkel (verdrängte Erinnerungen), in denen etwas Lebendiges darauf wartet, von Ihnen entdeckt zu werden (verborgene Gefühle, geheime Wünsche und Ängste). Dies ist Neuland für Ihr Bewusstsein und es ist normal, wenn Sie sich fürchten. Als grimmiger Wächter seiner Welt wird Sie der Dachs zunächst nicht passieren lassen und Sie mit all seiner Wildheit und Verwegenheit in Ihre Welt zurücktreiben wollen – was ihm oft auch gelingt. Sie sollten sich jedoch nicht von ihm abschrecken lassen. Wovor fürchten Sie sich? Was verleugnen Sie in Bezug auf sich selbst oder auf die Situation? Was verdrängen Sie aus der Furcht heraus, dass es, wenn Sie es herauslassen, alles zerstören wird? Wenn der Dachs Ihren Weg kreuzt, bedeutet das, dass es an der Zeit ist, Ihrer inneren Finsternis entgegenzutreten. Seine Kraft ist nicht dazu da, Sie aufzuhalten, sondern Sie zu ermutigen und zu leiten. Letztlich ist es Ihre Finsternis, in der er lebt, Ihre Unterwelt und Ihr Schatten. Er ist Ihr Verbündeter und nicht Ihr Feind. Indem Sie dem Dachs die Stirn bieten und ihn zu Ihrem Verbündeten machen, gewinnen Sie die Kraft, um dem Unbekannten entgegenzutreten. Jetzt ist es an der Zeit, die Unterwelt zu erforschen.

Umgekehrte Bedeutung

Sie sind gerade aus der Unterwelt herausgekrochen, verletzt und blutend. Der Dachs hat Sie mit einer seiner messerscharfen Klauen erwischt und schon sind Sie geflohen, als ob der Teufel hinter Ihnen her wäre. Sie sind dem Dachs als Feind entgegengetreten und nicht als Verbündeter. Das kommt davon, wenn man den eigenen Schatten als etwas von sich selbst Getrenntes betrachtet. Sie wollten Ihren Schatten vernichten oder vertreiben statt ihn zu verstehen und von ihm zu lernen. Doch das lässt der Dachs nicht zu. In der obigen Geschichte sind Sie nun der Kojote und lecken Ihre Wunden. Es ist eine Illusion zu glauben, Sie könnten Ihren Schatten besiegen oder vernichten. Die einzige Option ist es, den Schatten zu integrieren – denn den Kampf haben Sie schon verloren. Der Schatten kann weder ignoriert oder verdrängt noch bekämpft werden. Er sollte mit Respekt behandelt und in den wahren Kampf eingebracht werden – den Kampf gegen unsere falschen Glaubenssätze und all das unnütze Gepäck aus unserer Vergangenheit.

12 – FLEDERMAUS

Stichwörter: Vertrauen, Intuition, Fruchtbarkeit, Freude

In den meisten Kulturen gilt die Fledermaus als ein Geschöpf der Unterwelt. Bei den Azteken ist sie fester Bestandteil vom Mythos der Göttin Xochiquetzal, der Kostbaren Blume. Einst planten die Götter, Blumen auf der Erde einzuführen. Während Kostbare Blume in der Unterwelt schlief, schufen sie eine Fledermaus aus dem Samen des

Quetzalcoatl. Die Fledermaus flog in die Unterwelt und raubte der Göttin ihre Jungfräulichkeit. Mit einem Teil der Jungfernhaut kehrte sie dann in die Welt zurück. Einmal gereinigt, erwuchsen daraus wundervolle, aber duftlose Blumen. Also musste die Fledermaus noch einmal in die Unterwelt zurück und die Göttin im Schlafe beglücken. Sie holte ein weiteres Stück der Jungfernhaut, und daraus erwuchsen eine Vielzahl prachtvoller, duftender Blüten. Die Rolle von Xochiquetzal im aztekischen Mythos ähnelt in mancher Hinsicht der von der griechischen Göttin Persephone, während die Fledermaus Pluto entspricht, der übrigens oft mit Fledermausflügeln dargestellt wird.

Heute sind Fledermäuse vor allem für ihr Echolot bekannt, mit dem sie sich im Dunkeln orientieren. Amerikanische Forscher haben unlängst nachgewiesen, dass die Ultraschallortung der Fledermäuse so genau ist, dass sie noch zwischen Objekten unterscheiden können, die gerade einmal einen Abstand von 0,3 Millimeter haben. Und sie sind in der Lage, Echos separat zu verarbeiten, die nur zwei millionstel Sekunden nacheinander eintreffen. Diese Fähigkeiten haben nicht nur die Forscher verblüfft, sondern auch das Interesse der US Marine geweckt, die mit Hilfe der Fledermausforschung ihre eigenen Sonarsysteme verbessern will.

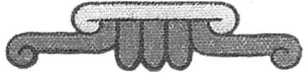

Wenn die Fledermaus in Ihr Leben flattert, können Sie sich auf eine Zeit des Wandels und der Transformation gefasst machen. Die meisten von uns fürchten nicht die Veränderung an sich, sondern wir fürchten, dass wir selbst nicht mit ihr Schritt halten können. Wie sich die Fledermaus auf ihr Echolot verlässt, müssen wir uns in unübersichtlichen Situationen unserem Instinkt und unserer Intuition anvertrauen, um sicher durch die Dunkelheit zu navigieren. Sie müssen lernen, Ihren Gefühlen und Eingebungen zu vertrauen. Bedenken Sie, dass Wandel ein unabdingbarer Teil des Lebens ist. Eine der Gaben, die die Fledermaus für Sie bereithält, ist die Leichtigkeit des Vertrauens und die Zufriedenheit und Freude, die daraus erwachsen. Gewöhnlich übersehen wir die Kraft der reinen Freude, die uns mit Leichtigkeit über Hindernisse hinwegträgt. Und Freude erwächst oft aus den einfachen Dingen wie Gartenarbeit, Kochen, Malen oder aus dem bloßen Zusammensein mit geliebten Menschen. Tun Sie das, was Ihnen Freude macht. Dies wird Ihr Herz öffnen und Ihnen die Zeit des Wandels versüßen. Wenn solche Zeiten auch selten leicht sind, so sind sie doch stets wertvoll, weil sie die Gelegenheit bieten, negative Muster und Gedanken in neue Fähigkeiten und Selbstvertrauen zu verwandeln.

Umgekehrte Bedeutung

Die Zeit für Veränderungen ist gekommen. Sie können sich ändern oder Sie können sich sträuben. Die umgekehrte Fledermaus lässt vermuten, dass Sie sich eher sträuben statt eingefahrene Muster und alte Gewohnheiten zu ändern. Aber Ihr Starrsinn wird lediglich die Dinge verzögern, die Sie sich so sehr in Ihrem Leben wünschen. Ihre Furcht vor allem Neuen ist wie ein Gefängnis, in dem alles stagniert und abstirbt. Geben Sie Ihrer Furcht nicht nach. Schließen Sie sich selbst nicht von den Freuden des Lebens aus. Und wenn da keine Freuden sind, laden Sie sie zu sich ein. Buchen Sie eine Reise, rufen Sie einen alten Freund an, werden Sie Mitglied in einem Club, beleben Sie ein altes Hobby oder suchen Sie sich ein neues. Schließen Sie Ihre Augen, bringen Sie Ihren inneren Dialog zum Schweigen, lauschen Sie Ihrem Herzen und vertrauen Sie darauf, dass Sie gerade an dem Ort sind, an dem Sie sein sollen. Dies ist der Ort, an dem Ihre Kraft liegt und von Tag zu Tag stärker wird.

13 – SCHMETTERLING

Stichwörter: Inspiration, Feuer, Leidenschaft, Erfüllung

Die Azteken verehrten eine Vielzahl von Tieren, darunter auch Insekten. Der Schmetterling wurde gleich mit zwei bedeutenden Göttinnen assoziiert, was ihm einen zweideutigen Ruf einbrachte. Eine war Xochiquetzal, Kostbare Blume, eine venusgleiche Gestalt. Sie war die Göttin der Liebe, der Schönheit, der Blumen und Pflanzen und symbolisierte das

Blühen von Ideen und die Erfüllung von Träumen. Ihr Nahualli war der Schwalbenschwanz, ein Tagfalter. Auf der anderen Seite stand Itzpapalotl, Obsidian-Schmetterling, eine wilde Göttin mit dämonischen Zügen, Flügeln und rasiermesserscharfen Krallen. Ihre Domänen waren der Krieg, die Jagd und das Menschenopfer. Als ihr Nahualli galt das Nachtpfauenauge. Bis zum heutigen Tag glaubt man in Mexiko, dass jemand im Hause sterben wird, wenn ein schwarzer Falter auf der Türschwelle landet.

Im alten Mexiko wurde der Schmetterling auch mit dem Element Feuer in Verbindung gebracht. Der Priester, der in religiösen Zeremonien den Gott des Feuers verkörperte, trug auf seiner Brust ein besonderes Amulett aus Türkis, einen stilisierten Schmetterling.

Wenn Sie diese Karte ziehen, heißt dies, dass ein Feuer in Ihnen und um Sie herum entfacht worden ist. Sie sollten die Inspiration und die transformative Kraft des Feuers nutzen, um die Dinge in Ihrem Leben zu ändern, die dafür reif sind. Türen, die zuvor verschlossen oder unsichtbar waren, werden sich im Angesicht leidenschaftlichen Einsatzes öffnen. Der Schmetterling transformiert Ihre Erfahrung durch die Magie bewusster Absicht im Zusammenspiel mit der Hitze der Leidenschaft. Bei der Fledermaus ging es darum, die eigene Freude wiederzuentdecken, indem man Dinge tut, die man gern tut. Schmetterling und Fledermaus arbeiten Hand in Hand, wenn es darum geht, diese Freude zu intensivieren und sie mit den kreativen Funken der Leidenschaft und des Enthusiasmus zu befruchten.

Umgekehrte Bedeutung

Die umgekehrte Karte legt nahe, dass Sie vielleicht zu hart am Erreichen eines Zieles arbeiten, von dem Sie glauben, dass es Sie erfüllen wird, während Sie in Wirklichkeit den falschen Baum anbellen. Denken Sie noch einmal darüber nach, warum Sie sich für dieses Ziel entschieden haben. Suchen Sie Erfüllung im Äußeren oder in anderen Menschen? Haben Sie die Lust verloren und Ihren Enthusiasmus eingebüßt? Vielleicht sind Sie depressiv und brauchen Hilfe, um Ihren Funken neu zu entfachen. Die meisten Schmetterlinge schlüpfen aus einem schützenden Kokon – vielleicht sollten auch Sie sich für eine Zeit in einen solchen Kokon zurückziehen, um Ihre Ziele unvoreingenommen und ohne den störenden Einfluss anderer zu überdenken.

14 – KOJOTE

Stichwörter: Betrug, Überraschung, unerwartete Wendung

Der deutsche Begriff „Kojote" stammt von dem Nahua-Wort *coyotl*. Der Kojote spielte eine zentrale Rolle im aztekischen Kulturleben und war so beliebt und geschätzt, dass ein Kriegerorden nach ihm benannt wurde: die Kojote-Krieger, vergleichbar mit den bekannteren Orden der Adler- und Jaguar-Krieger. Um in den Orden aufgenommen zu werden und das begehrte Kojoten-Fell zu tragen, musste der Krieger adliger Herkunft sein und sechs feindliche Krieger lebend gefangen haben. Weil Gefangene den Großteil der zeremoniellen Opfer stellten, wurde die Gefangennahme des Feindes dem unmittelbaren Töten im Kampf nicht nur vorgezogen – sie wurde sogar belohnt.

Der Gott Huehuecoyotl, Großvater Kojote, wurde unmittelbar mit dem Kojoten assoziiert. Wie sein tierisches Gegenstück ist auch der Gott ein listiger Schelm und Schwindler. Jedem Jäger sind die sprichwörtliche Schläue und die Tricks des Kojoten bekannt, mit denen er Fallen und Nachstellungen entgeht. Aus diesem Grund brachten ihn die Mexica auch mit gescheiterten Plänen und plötzlichem Aufruhr in Verbindung. Unruhen waren in der aztekischen Welt so allgegenwärtig, dass die Mexica sogar ein besonderes Fest hatten, um das Chaos zu feiern. Natürlich war dieses Fest Großvater Kojote geweiht.

Kojoten sind ausgesprochen intelligent, durchschauen Muster sehr schnell und passen sich dementsprechend an. Trotz allen systematischen Versuchen, die Kojoten in den USA zu dezimieren oder gar auszurotten, scheint ihre Zahl eher anzuwachsen. Immer wenn wir denken, wir hätten das clevere Tier endlich durchschaut, wartet der Kojote mit einer neuen Überraschung auf.

Wenn wir von Tieren wie vom Kojoten im Sinne von Archetypen reden, dürfen wir nicht vergessen, dass sie wie wir intelligente und empfindende Wesen sind, ungeachtet ihres Rufs als Schelm oder Schwindler. Der Verhaltensforscher Marc Bekoff hat einmal den vergeblichen Versuch eines Kojoten beobachtet, seine tote Gefährtin zu begraben. Ein anderes Mal studierten er und seine Kollegen im Rahmen einer Feldstudie das Verhalten der Jungen, während die Mutter auf der Jagd war. Offenbar vermissten die Welpen ihre Mutter und freuten sich riesig bei ihrer Rückkehr.

Der Kojote grinst von einem Ohr zum anderen. Auf verschlungenen Pfaden nähert er sich tänzelnd Ihrem Haus und lacht dabei ausgiebig über sich selbst und über Sie – vielleicht spielt er dazu noch Flöte. Er ist ein listiger Schelm, und wenn Sie erst einmal glauben, Sie hätten ihn durchschaut, hat er Sie genau da, wo er Sie haben will. Wenn der Kojote erscheint, ist nichts, wie es scheint, und alles verändert sich in rascher Folge. Trauen Sie Ihren Augen nicht. Erwarten Sie das Unerwartete. Die Welt wird Traum, der Traum wird Welt. Durchbrechen Sie Ihre Routinen. Wählen Sie einen neuen Weg zur Arbeit. Tragen Sie Ihre Kleider verkehrt herum. Es liegt ein Sinn in diesem scheinbaren Unsinn – es geht darum, die wohl geordnete Illusion Ihres Alltags erst zu durchschauen und dann aufzulösen. Ihre Probleme scheinen real, aber sie sind nur Schein. Ihre Einsamkeit scheint real, aber auch sie ist bloß eine wohl gehütete Illusion. Ihr gebrochenes Bein scheint real – nun, das ist jetzt wohl keine Illusion, aber Sie verstehen, was ich meine (vielleicht will Ihnen der Kojote ja nur beibringen, wie man auf einem Bein tanzt). Die meisten Probleme scheinen nur real und sind in Wirklichkeit selbst gemacht, während die wahren Probleme von uns ignoriert werden, bis sie uns buchstäblich in den Hintern beißen. Der Kojote lehrt uns zu unterscheiden und hilft uns, die in den Scheinproblemen gebundene Energie zu befreien und zu unseren Gunsten einzusetzen.

Umgekehrte Bedeutung

Der umgekehrte Kojote warnt Sie, dass nicht alles so ist, wie es scheint. Er weist meist darauf hin, dass eine Illusion gesponnen oder ein Betrug ersonnen wird – von jemand anderem oder von Ihnen selbst. Jemand, dem Sie vertrauen, belügt Sie. Sie sind einem Trickbetrüger aufgesessen. Oder Ihr Broker veruntreut Ihre Aktiengewinne. Sie sollten alles genau prüfen, bevor Sie sich auf etwas Neues einlassen, ganz gleich, ob es sich um private oder geschäftliche Angelegenheiten handelt. Gewöhnlich bricht die Illusion rasch zusammen, wenn man an ihrer Oberfläche kratzt. Vielleicht will der Kojote Sie aber auch nur davor warnen, dass Sie Ihren eigenen Lügen und Betrügereien zum Opfer fallen könnten. Wenn dem so ist, sollten Sie die Karten nun offen auf den Tisch legen, sich selbst und anderen gegenüber, da das Aufrechterhalten von Illusionen sehr kraftraubend ist und uns innerlich auszehren kann. Bedenken Sie auch: Der Kojote fällt nicht selten auf seine eigenen Tricks herein, und Ihnen könnte es genauso ergehen.

15 – HIRSCH

Stichwörter: Anmut, Hingabe, Aufopferung, Liebe

Für die Azteken war der Hirsch ein vielseitiges Wesen, das für seine Fähigkeiten und sein sanftes Naturell verehrt wurde. Der Hirsch galt als das Nahualli zweier wichtiger, sich ergänzender Götter. Der eine war Mixcoatl, der Gott der Jagd, dem die Gewandtheit und Aufmerksamkeit eines Hirsches nachgesagt wurde und der stets einen zweiköpfigen Hirsch mit in die Schlacht führte, um seinen Sieg zu gewährleisten. Die andere war Itzpapalotl, Obsidian-Schmetterling, eine Kriegsgöttin und wilde Jägerin. Die aztekischen Legenden berichten auch, dass die Götter über den Hirsch wachen – nicht nur wegen seiner großen Anmut und Schönheit, sondern auch aufgrund der Art, wie er sich still dem Tode fügt, wenn seine Zeit gekommen ist.

Der Hirsch bezieht seine Kraft aus seiner Rolle als Beute, die ihm zahlreiche Fähigkeiten abverlangt. Neben dem Menschen hat der Hirsch viele natürliche Feinde und deshalb sind seine Sinne so hoch entwickelt. Seiner Aufmerksamkeit entgeht nicht das kleinste Detail, wie etwa das Brechen eines Zweiges oder die Witterung eines Raubtiers im Wind. Es ist bezeichnend, dass auch Menschen, die sich mehr um andere als um sich selbst kümmern und sich und ihre eigene Sicherheit zum Wohle anderer zurückstellen, meist viel Wert aufs Detail legen – wie dem Hirsch entgeht ihnen nichts.

Jeder, der einmal Hirsche in freier Wildbahn beobachtet hat, kennt die anmutige Gelassenheit ihrer Bewegungen und die hingebungsvolle Art, mit der sich eine Hirschmutter um ihr Kalb kümmert. Bei vielen Arten herrscht ein matriarchales System und der Nachwuchs wandert mit den Müttern oder anderen Weibchen. Die starke Bindung zwischen Mutter und Kalb wird meist schon früh offenbar. Die enge Verbundenheit innerhalb des Rudels und der große Aufwand, mit dem der Nachwuchs gehegt und gepflegt wird, spricht für die besondere, mütterliche Energie, die diesem Nahualli zu Eigen ist.

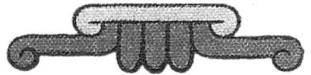

Wenn Sie diese Karte ziehen, möchte der Hirsch Ihnen sagen, dass Sie mehr von sich selbst geben sollen. Geben Sie mit Würde, auch wenn es mehr sein sollte, als was Sie gerade als „fair" empfinden. Kümmern Sie sich mehr um die, die Ihrer Pflege bedürfen. Opfern Sie Ihre Zeit oder Ihr Geld selbstlos für andere und betrachten Sie Ihr Opfer als eine Art Dankeschön für all die Gaben, die Ihnen die Welt so bereitwillig gegeben hat. Der Hirsch lehrt uns, bereitwillig und mit Würde zu geben, ganz gleich ob es sich dabei um unsere Zeit, unsere Hingabe oder finanzielle Ressourcen handelt. Der Hirsch gibt von Herzen. In einer Auslage symbolisiert er die Kraft der Hingabe und der Liebe. Selbst die überwältigende Angst vor dem Tod kann mithilfe bedingungsloser Liebe und vollkommener Hingabe überwunden werden.

Umgekehrte Bedeutung

Lieben Sie sich selbst und andere bedingungslos? Oder knüpfen Sie ständig Erwartungen an alles, was Sie geben? Erwarten Sie stets eine Gegenleistung? Vielleicht leben Sie in der Illusion, dass Liebe eine Investition sein kann, doch diese Haltung wird lediglich zu Beziehungen führen, die innerlich hohl sind und weder Sie noch Ihren Partner erfüllen. Halten Sie etwas vor sich oder anderen zurück? Vielleicht sogar Ihre Zuneigung? Sie werden das Glück nicht finden, indem Sie zwanghaft an dem festhalten, was Sie haben, und sich dabei denken, dass das bereits alles ist und nichts mehr hinzukommen wird. Die Götter und Ahnen haben Ihnen Geschenke mit auf den Weg gegeben, zahlreiche Talente und Ressourcen, die Sie mit der Welt teilen sollten. Nur wenn Sie das tun, wird die Welt auch mit Ihnen teilen.

16 – HUND

Stichwörter: Führung, Schutz, Loyalität, Tapferkeit

Die aztekische Religion lehrt, dass die Seele eines Verstorbenen nach dem Tode eine vierjährige Reise durch die Unterwelt antritt, auf der sie eine Vielzahl schrecklicher Hindernisse überwinden muss. Das erste ist ein gewaltiger See. Am Strand des unendlich wirkenden Gewässers trifft sie auf einen roten Hund, der die Seele auf ihrer Reise geleiten soll. Angesichts all der Gefahren und Schrecken der Unterwelt muss die Gesellschaft eines Hundes gleich beruhigend auf den frisch Verstorbenen wirken.

Wenn es ein Tier gibt, das seine Liebe, Treue und Ergebenheit zum Menschen immer wieder unter Beweis gestellt hat, so ist es der domestizierte Hund. Ein Hund liebt seinen Halter bedingungslos und ist ihm treu ergeben, ohne etwas dafür zu erwarten. Oft spüren Hunde lange vor uns Menschen, dass etwas nicht in Ordnung ist, und versuchen nach besten Kräften uns zu warnen. Sie fangen mit ihren Körpern negative Energien und Absichten ab, die uns von böswilligen Menschen geschickt wurden, um uns zu schaden. Die Mexica waren ein Volk, deren Alltag voller Geister, Götter, Zauberer und Hexen war, und in ihrer Welt stellte der Hund eine Art natürliche Alarmanlage dar, die die Familie Tag und Nacht vor ungebetenen Gästen aus dieser und anderen Welten warnte.

Bei den Rettungs- und Bergungsmaßnahmen nach den Anschlägen auf das World Trade Center, New York, kamen mehr als 300 Rettungshunde zum Einsatz. Servus, der Hund eines Polizisten aus Illinois, tat sich bei der Suche nach Verschütteten besonders hervor. Er gab seine Suche selbst nach einem halsbrecherischen Sturz aus zehn Metern Höhe nicht auf. Er landete in einem Haufen von Staub, Schutt und Asche, und als er daraufhin kaum noch atmen konnte, weigerten sich die Sanitäter, das verletzte Tier zu behandeln. „Nur Menschen", sagte einer von Ihnen. Daraufhin geleitete eine Polizei-Eskorte Servus zum nächsten Tierhospital, wo er erfolgreich behandelt und schon nach wenigen Stunden wieder entlassen werden konnte. Als der Polizist mit ihm zurück nach Ground Zero fuhr, wollte er Servus eigentlich im Wagen lassen, aber der Hund bettelte und jaulte so lange, bis der Polizist ein Einsehen hatte und Servus weiter nach Verschütteten suchen konnte.

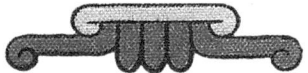

Wenn Sie diese Karte ziehen, sollten Sie sich fragen, wie es um Ihre Loyalität bestellt ist. Stellen Sie sich zu oft selbst in den Vordergrund oder folgen Sie dem Beispiel des Hundes und achten zunächst auf die Bedürfnisse anderer? Der Hund gehört zum Westen, zur Abenddämmerung, zum Leben nach dem Tode, weshalb er auch in zahlreichen Kulturen als

Seelenführer gilt. Führen Sie andere Menschen? Genießen Sie das Vertrauen Ihrer Familie und Freunde? Wenn nicht, was können Sie verbessern, um dieses Vertrauen zu verdienen? Sind Sie Ihren menschlichen und tierischen Lebensgefährten ein loyaler Freund? Halten Sie Ihre Versprechen oder brechen Sie diese lieber, wenn zu viele Probleme damit verbunden sind? Nehmen Sie die Bedürfnisse anderer überhaupt wahr? Der Hund verlangt dies alles gar nicht von Ihnen – tatsächlich verlangt er gar nichts. Er lehrt uns durch sein eigenes Vorbild und es liegt allein an uns, uns durch die Selbstlosigkeit, Liebe, Hingabe und Loyalität des Hundes inspirieren zu lassen.

Umgekehrte Bedeutung

Wenn diese Karte umgekehrt vor Ihnen liegt, sollten Sie einmal über den Zusammenhang von Selbstliebe und Nächstenliebe nachdenken. Achten Sie stets mehr auf die Bedürfnisse anderer, so sehr, dass Sie nur ganz selten etwas für sich tun? Wenn dem so ist, will der Hund Sie darauf aufmerksam machen, dass Sie in dieser Hinsicht etwas ändern müssen, Ihrer spirituellen Entwicklung und Ihrer Gesundheit zuliebe. Wie können wir anderen helfen, wenn wir uns aufgebraucht fühlen und nichts mehr zu geben haben? Denken Sie einmal darüber nach, was Sie sich selbst schulden. Nutzen andere Sie aus oder bringen sie Sie sogar in Gefahr? Gibt es irgendein Gesundheits- oder Sicherheitsrisiko, dem Sie mehr Aufmerksamkeit schenken sollten?

17 – TAUBE

Stichwörter: Grundbedürfnisse, Frieden, Harmonie

In der mittelamerikanischen Literatur ist nur wenig über die Taube überliefert, aber wir wissen, dass sie das Nahualli einer bedeutenden aztekischen Göttin war – Chalchiuhtlicue (Jade-Rock). Wie wir bereits gesehen haben, ist Jade-Rock eine Wasser-Göttin. Ihr Reich sind die Teiche, Seen, Flüsse und Meere – der Quell allen Lebens auf Erden. Daher gilt

Jade-Rock auch als göttliche Mutter an sich. Zusammen mit Sieben-Rock und der Herrin des Salzes bildet Jade-Rock eine dreifache Göttin, welche die drei Elemente repräsentiert, die wir zum Leben benötigen: Wasser, Getreide und Salz. Als Vogel von Jade-Rock symbolisiert die Taube unsere Grundbedürfnisse.

Die Taube wird oft als Friedensbringer und göttlicher Botschafter dargestellt. Sowohl in den sumerischen als auch in den jüdischen Mythen von der Sintflut ist sie es, die die Nachricht vom neuen Land bringt. Die Mexica betrachteten die Taube stets als gutes Omen, das Harmonie verhieß. Eine Krieger-Gesellschaft wie die aztekische hätte ihre überlegene Kultur und großartigen Bauwerke nicht ohne Zeiten des Friedens, des Wohlstandes und der Harmonie errichten können, in denen sich die Menschen sicher fühlten und ein erfülltes Leben führten.

Tauben sind für ihren ausdauernden Gesang bekannt, und während ihr Gesang Raubtiere anlockt, lehren sie uns, den Moment auszukosten. Sie sind extrem anpassungsfähig und anspruchslos. Das ist auch der Grund, warum Tauben – trotz der Tatsache, dass so viele von ihnen Räubern zum Opfer fallen – niemals selten werden. Sie pflanzen sich eifrig fort, fressen, was sich ihnen gerade bietet, und benötigen nicht mehr als eine Nische, in der sie ihr Nest bauen können, und Wasser, um ihren Durst zu löschen.

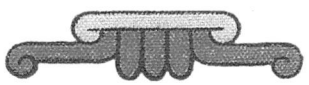

Wenn die Taube in Ihrer Auslage erscheint, möchte sie Sie auf Ihre Bedürfnisse aufmerksam machen: Nahrung, Schutz, Wärme und so weiter. Man kann sich nur gut und sicher fühlen, wenn die Grundbedürfnisse erfüllt sind. Das ist das Erste, woran Sie denken sollten, wenn die Taube als Karte oder auch in Ihrem Leben erscheint. Ist Ihr Heim finanziell und anderweitig abgesichert? Haben Sie genug Geld, um Ihre Ernährung zu gewährleisten, und wissen Sie mit wenig Geld über die Runden zu kommen? Die Taube kann auch eine Zeit des Friedens zwischen zerstrittenen Freunden, Familien oder Lebenspartnern ankündigen. Gewöhnlich erscheint sie, wenn der Sturm vorüber und der Zorn verraucht ist.

Umgekehrte Bedeutung

Die umgekehrte Taube signalisiert, dass der gewünschte Frieden noch fern ist. Vielleicht gibt es noch Punkte, die ausgearbeitet werden müssen, oder die zerstrittenen Parteien sind gar nicht an einer Übereinkunft interessiert oder noch nicht zu einer solchen bereit. Auf jeden Fall bezeugt die umgekehrte Taube, dass nicht alle nötigen Voraussetzungen für eine friedliche Lösung gegeben sind. Wasser, Getreide und Salz stehen für das, was wir im alltäglichen Leben brauchen. Wenn unsere Grundbedürfnisse nicht erfüllt sind, kommen wir nicht voran. Richten Sie Ihre Aufmerksamkeit wieder auf das Wesentliche. Die meisten Menschen sind in der Lage, auf der essentiellen Ebene zu einer Übereinkunft zu kommen, und eine solche Übereinkunft ist stets der erste Schritt zur Wiederherstellung des Friedens.

18 – ADLER

Stichwörter: Aufbruch, Kraft, Vision, Perspektive

Die Azteken schätzten den Adler so sehr, dass sie ihn zum Symbol ihrer Kultur erhoben. Das Wappen für Tenochtitlán, die Hauptstadt des aztekischen Reiches, zeigt einen Adler, der auf einem Kaktus sitzt. Dies war das Zeichen, nach dem die Gründer der Stadt Ausschau halten sollten, um die richtige Stelle für deren Errichtung zu finden. Außerdem war ein hoch angesehener Krieger-Orden nach dem Wappentier benannt. Die Adler-Krieger waren eine Sturmtruppe, deren besondere Fähigkeiten von denen des Adlers abgeleitet waren: schnell auf die Beute herabzustoßen und sie sofort zu töten. Weiter übertrugen die Azteken die Fähigkeit des Adlers, über große Entfernungen klar zu sehen, auf die Weitsicht ihres Herrschers, wenn es darum ging, die Geschicke des Reiches zu lenken.

Zahlreiche Götter des aztekischen Pantheons werden mit dem Adler in Verbindung gebracht, doch im eigentlichen Sinne gilt er als Nahualli des Gottes Xipe (Roter Spiegel). Xipes heilige Zeit war das Frühlings-Äquinoktium und er repräsentiert die junge, aufgehende Sonne. Seine Energie war verjüngend und brachte neues Leben nach den Entbehrungen des Winters. Nur hoch angesehene Kriegsgefangene wurden ihm zum Opfer gebracht und er versprach den Mexica dafür einen milden Frühling, gutes Gelingen und neues Leben.

Adler haben uns stets inspiriert. Sie scheinen furchtlos und fliegen höher als jeder andere Vogel. Ihre Sehkraft ist legendär: Selbst aus einem Kilometer Höhe können sie eine Maus auf einer Fläche von mehreren Quadratkilometern ausmachen. Sie verbringen sehr viel Zeit mit ausgeklügelten Paarungsritualen und, wenn sie einmal einen Partner gewählt haben, bleiben sie ihm ein Leben lang treu.

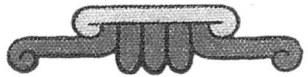

Wenn Sie diese Karte ziehen, stehen Sie vor der Wahl. Vielleicht geht es um eine Beziehung, auf die Sie sich einlassen oder die Sie vertiefen möchten. Vielleicht geht es auch um finanzielle Angelegenheiten. Was immer es ist, der Adler rät Ihnen, erst einmal Abstand zu nehmen und Ihre Alternativen genau zu prüfen. Der Adler kennt die Beschaffenheit des Geländes besser als jedes andere Wesen. Er möchte, dass Sie durch seine Augen sehen, seine Perspektive und seinen überlegenen Blickwinkel teilen. Die Karte kann auch darauf hinweisen, dass Sie vor einem bedeutenden Neuanfang in Ihrem Leben stehen. Legen Sie sich sorgfältig Rechenschaft über all Ihre Wünsche und Träume ab, bevor Sie sich entscheiden, wie und in welchem Bereich Sie die Adler-Energie einsetzen möchten.

Umgekehrte Bedeutung

Sie gehen die betreffende Angelegenheit zu sehr mit dem Kopf an. Sie haben zwanghaft versucht, mögliche Fehler dadurch zu vermeiden, dass Sie Abstand gehalten und sich nicht emotional auf die Sache eingelassen haben. Sie sehen lediglich die Fakten und verlassen sich auf Ihren Verstand, während es besser wäre, auch auf Ihr Gefühl zu hören. Wenn Sie sich davor fürchten, eine falsche Wahl zu treffen, sollten Sie einmal daran denken, dass oft gerade solche negativen Fixierungen dafür sorgen, dass Ihre Befürchtungen wahr werden. Nehmen Sie Ihre rationalen Befürchtungen ernst, aber lassen Sie auch Ihr Gefühl zu Wort kommen.

19 – FALKE

Stichwörter: Botschaft, unmittelbare Verständigung

Der Falke ist von jeher für seine Schnelligkeit bekannt, die ihm in den Mythen zahlreicher Völker die Rolle als Kurier für die Botschaften der Götter eintrug. So finden wir den Falken auch in der aztekischen Schöpfungsgeschichte wieder, in der berichtet wird, wie die Götter und Menschen in die Welt kamen. Der Legende zufolge lebten die Göttin

Citlalinicue (Sternen-Rock) und ihr Gefährte Citlallatonac (Leuchtender Stern) einst unter den Sternen der Milchstraße. Als die Zeit kam, die Erde zu bevölkern, gebar Sternen-Rock die Götter. Da sie es aber bevorzugte, selbst weiter unter den Sternen zu leben, verständigte sie sich mit ihren Kindern auf der Erde mittels eines Kuriers, des Falken. Nach einiger Zeit stellten die Götter fest, dass sie ihren Aufgaben auf der Erde, der Erhaltung des Lebens, und ihrer eigenen Versorgung, allein nicht gewachsen waren. Mit Hilfe des Falken schickten sie eine dringliche Nachricht an ihre Mutter, mit der Bitte, die Menschheit zu erschaffen. Sternen-Rock schlug stattdessen vor, dass die Götter eine alte Rasse wiederbeleben sollten, deren Knochen sich immer noch in der Unterwelt befanden. Die Götter folgten dem Rat ihrer Mutter und beschafften sich die Knochen vom Herrn des Todes. Indem sie ihr eigenes Blut über die Knochen vergossen, waren die Götter in der Lage, einen Jungen und ein Mädchen zu erschaffen. Weil die Kinder nun aber keine leibliche Mutter hatten, wurden sie von den Göttern und Tieren großgezogen. So wurde die Menschheit erschaffen, auf ewig ihren himmlischen und tierischen „Eltern" verpflichtet, denen wir sowohl Dank als auch Opfer schulden.

Ähnlich wie Kojoten, Wölfe oder Füchse ziehen Falken ihre Jungen mit Hilfe zahlreicher anderer Erwachsener groß. Vielleicht ist dies ein Überbleibsel, eine Art Erinnerung an die Zeiten der Schöpfung und die Entstehung allen Lebens.

Im Tierreich zählen die Falken zu den erfolgreichsten Jägern überhaupt. Sie sind ungemein anpassungsfähig und angriffslustig. Außer uns Menschen haben sie keine natürlichen Feinde. Ihre Partnerschaften währen meist ein Leben lang und sie jagen so lange gemeinsam mit ihrem Nachwuchs, bis die Jungfalken allein überleben können. Auf der Jagd kreist ein Falke geduldig, bis er seine Beute erspäht hat. Dann stürzt er plötzlich mit einer Geschwindigkeit von bis zu 180 Kilometern in der Stunde herab, ergreift die Beute mit seinen starken Fängen und tötet sie auf der Stelle.

Wenn der Falke erscheint, sind zwei Dinge unmittelbar klar. Erstens: Der Falke war da, bevor Sie es überhaupt bemerkt haben. Zweitens: Nun, da Sie sich seiner Gegenwart gewahr sind, wird sich seine Botschaft in

Windeseile einstellen, und diese Botschaft wird wichtig sein. Falken sind nicht sonderlich selten und in manchen Gegenden werden Sie vermutlich jeden Tag einen Falken zu Gesicht bekommen. Das ist nicht das, wovon hier die Rede ist. Es wird eine eher persönliche Begegnung sein. Eines Tages fuhren wir auf dem Nachhauseweg die letzten Meter zu unserer Garage, als plötzlich ein Falke über das Dach des Wagens flog und auf dem Gatter zu unserer Einfahrt landete. Es war ein wunderschöner Turmfalke und wir waren ganz entzückt von seinem Erscheinen. Gleichzeitig begannen die Alarmglocken in unseren Köpfen zu läuten: Was hatte es zu bedeuten? Aus vergangenen Erfahrungen hatten wir gelernt, solche Besuche ernst zu nehmen. Innerhalb weniger Stunden erhielten wir die Nachricht, dass ein Prozess zu unseren Gunsten entschieden worden war und wir nun umgehend mit einer Zahlung rechnen konnten. Wir waren erleichtert und dankbar, da wichtige Neuigkeiten nicht immer auch gleich gute Neuigkeiten sind. Einerseits ist der Falke ein majestätischer und wunderschöner Vogel, aber andererseits ist er auch ein erbarmungsloser Jäger.

Umgekehrte Bedeutung

Die umgekehrte Karte drängt Sie, verstärkt auf Omen, Zeichen und versteckte Mitteilungen zu achten. Sie übersehen etwas, das für einen erfolgreichen Ausgang unabdingbar ist. Probleme können nur durch unmittelbares Handeln vermieden werden. Die Situation duldet keinen Aufschub und Ihnen bleibt nur wenig Zeit, die Dinge ins Lot zu bringen.

20 – KOLIBRI

Stichwörter: Schnelligkeit, rasches Handeln, Krieg

Die aztekische Kultur gründete auf Krieg und Eroberung. Der Krieg war dabei nicht nur die Voraussetzung für die ständige Expansion des Reiches, sondern er sicherte auch den bescheidenen Wohlstand des Volkes und versorgte die Tempel mit den nötigen Menschenopfern. In den Tempeln wurde vor allem der oberste Kriegsgott, Huitzilopochtli (Kolibri zur

Linken), verehrt. Die Legende erzählt, dass dieser einst in menschlicher Gestalt ein gewaltiges Heer anführte. Trotz seiner großen Tapferkeit und Genialität als Feldherr geschah irgendwann das Unvermeidliche und Huitzilopochtli wurde getötet. Als sein Körper starb, stieg ein leuchtend grüner Kolibri aus ihm auf und spornte seine Männer an, weiter bis zum Sieg zu kämpfen. Anderen aztekischen Überlieferungen zufolge verwandelt sich die Seele eines Kriegers nach dem Tod in einen Kolibri. Vier Jahre lang erfreut dieser sich dann an den Blumen des Paradieses, während er sich von Zeit zu Zeit auf Scheingefechte mit anderen Kolibris einlässt, um seine Fähigkeiten zu trainieren und seine Sinne zu schärfen.

Kolibris sind oft in erbitterte Territorialkämpfe verstrickt, in denen meist um die besten Nistplätze und Nektarquellen gestritten wird. Sie kämpfen aber nicht nur mit Artgenossen, sondern legen sich auch mit wesentlich größeren Vögeln wie Krähen oder Falken an. Ihr Körperbau erlaubt ihnen erstaunlich schnelle Flügelbewegungen und eine große Beweglichkeit. Sie können ihre Flugrichtung plötzlich ändern, in der Luft stehen bleiben und sogar rückwärts fliegen.

Wenn der Kolibri in Ihrer Auslage erscheint, ist es an der Zeit, entschieden zu handeln. Diskussionen und Verhandlungen sind fehlgeschlagen und sollten nicht wieder aufgenommen werden. Der Kolibri stürmt aber nicht blind voran. Er rät Ihnen keineswegs, blindlings oder gedankenlos zu handeln. Er versichert Ihnen vielmehr, dass Sie die Situation bereits durchschaut haben und es jetzt höchste Zeit ist, angemessen darauf zu reagieren. Wenn Sie zum Beispiel unter unerträglichen Arbeitsbedingungen leiden und es immer herausgeschoben haben, diesbezüglich etwas zu unternehmen und Ihre Rechte einzuklagen, rät Ihnen der Kolibri, jetzt die nötigen Schritte einzuleiten und keine Minute länger zu warten. Vertun Sie nicht noch mehr Zeit mit Grübeln und faulen Ausreden. Handeln Sie jetzt und scheuen Sie sich nicht, nötigenfalls professionelle Hilfe in Anspruch zu nehmen. Rasches Handeln ist vonnöten. Stellen Sie sich Ihren Gegnern, denn sonst haben Sie die Schlacht bereits verloren.

Umgekehrte Bedeutung

Der umgekehrte Kolibri sagt, dass Sie zu schnell oder unbedacht gegen einen Widersacher vorgehen. Sie sind zu leichtfertig und haben die Situation nicht wirklich durchdacht. Es gibt andere Wege, Konflikte zu lösen, und Sie sollten denen, die Ihnen etwas angetan haben, nicht immer gleich den Krieg erklären. Bauen Sie Ihre eigenen Verteidigungslinien aus, bevor Sie weitere Schritte unternehmen.

21 – LEGUAN

Stichwörter: Ehre, Integrität, Würde

In weiten Teilen Mittelamerikas wurden Drachen schon vor den Maya nach dem Vorbild des Leguans gestaltet und mit dem Schwanz einer Klapperschlange dargestellt. Im Gegensatz zu den Bräuchen manch anderer Kultur wurde der Drache bei den Mexica verehrt und nicht gefürchtet. Wie Quetzalcoatl, die Gefiederte Schlange, betrachtete man ihn als himmlisches Wesen. Für die Mexica verkörperte der majestätische Drache Würde, Ehre und Integrität. Und da die Menschen keine Chance hatten an ihn heranzukommen, um sich seine Kraft einzuverleiben, machten sie Jagd auf sein Ebenbild – den Leguan. Es war verbreiteter Glaube, dass man durch den Verzehr eines bestimmten Tieres auch einen Teil seiner Eigenschaften und Kräfte übernahm. Und das führte dazu, dass der Leguan oft als willkommener Ersatz für den unerreichbaren Drachen in den Kochtöpfen aztekischer Familien landete, die davon überzeugt waren, dass die Mahlzeit sich positiv auf alle Familienmitglieder auswirken würde.

Heute gehört der bis zu 1,80 Meter lang werdende Leguan in weiten Teilen seines ursprünglichen Verbreitungsgebiets zu den gefährdeten Arten, und das vor allem aufgrund der Zerstörung seines Lebensraumes. In den Zeiten nach der Konquista wurde es bei den Eingeborenen Brauch, sich an einem Fluss einen Alligator oder Leguan zu suchen und ihn zu packen, um dann auf ihm so weit wie möglich flussabwärts zu reiten – bis man entweder abgeworfen oder getötet wurde. Dies war ein weiterer Weg, die Gunst des Tieres zu erringen und mit seiner Hilfe ein ehrenwerteres und würdigeres Leben zu führen. Und dies bedeutete für die Azteken, das Leben in seiner ganzen Fülle auszuschöpfen und gleichzeitig seinen Verpflichtungen gegenüber der Familie, dem Nahualli und den Göttern nachzukommen.

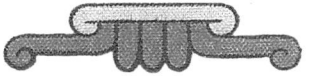

Wenn Sie diese Karte ziehen, sollten Sie Ihr eigenes Verhalten unter die Lupe nehmen: Ehren Sie die Menschen, die Sie dorthin gebracht haben, wo Sie heute stehen? Sind Sie stolz auf Ihre Arbeit? Stehen Sie zu Ihrem Wort? Alles, was es dazu braucht, ist die Hingabe an ein starkes, würdevolles Leben, die von Herzen kommt. Der Leguan legt großen Wert auf Integrität. Ihr Wort sollte endgültig sein. Sagen Sie, was Sie meinen, und meinen Sie, was Sie sagen. Es ist wichtig, so zu leben – nicht so sehr für andere, sondern für sich selbst. Wenn Sie sich selbst nicht anerkennen und respektieren, werden Sie sich auch nicht die Anerkennung und den Respekt anderer verdienen. Setzen Sie sich realistische Ziele und versuchen Sie, diese zu erreichen. Erfüllen Sie Ihre Pflichten und halten Sie Ihre Versprechen ein.

Umgekehrte Bedeutung

Es mag sein, dass Sie sich Idealen verschrieben haben, denen Sie unmöglich gerecht werden können, und dadurch sind Misserfolge natürlich vorprogrammiert. Es ist an der Zeit, Ihre Ziele zu überdenken und Prioritäten neu zu setzen: Bringen Ihre alltäglichen Tätigkeiten Sie Ihren Zielen näher oder sind Sie zu sehr mit Nichtigkeiten beschäftigt wie einem wenig erfüllenden Job, der Ihnen nur die Kraft raubt? Versuchen Sie stets, die Erwartungen anderer zu erfüllen? Und wissen Sie gar nicht, welche Ihre eigenen sind? Es ist weder ehrenhaft noch integer, sich selbst zu verleugnen und sich hinter anderen und deren Idealen zu verstecken, um „bloß nicht aufzufallen".

22 – JAGUAR

Stichwörter: Macht, Autorität, Mut, Dämmerung

Der Jaguar ist das geheimnisvollste, gefürchtetste und erfolgreichste Raubtier Mittel- und Südamerikas. Für die Azteken symbolisierte der Jaguar die Macht von Tezcatlipoca (Rauchender Spiegel), ihrem höchsten Gott. Der Jaguar war aber nicht nur Tezcatlipocas Nahualli, sondern selbst ein Gott, der als Tepeyolotl (Herz des Hügels) verehrt wurde. In der aztekischen Kosmologie war das erste Zeitalter auch als Sonne des Jaguars bekannt.

Sämtliche Mythen schreiben dem Jaguar übernatürliche Kräfte und großen Mut zu. Es wird erzählt, dass der Jaguar einst in ein gewaltiges Feuer sprang, das die Götter entfacht hatten, um unverletzt daraus emporzusteigen. Nur ein paar Brandflecke hatte er davongetragen, die heute noch sein Fell zieren. Die Mexica glaubten, dass die Menschen des ersten Zeitalters von einer Rasse von Riesen vernichtet worden seien, die dann wiederum Jaguare gefressen hatten.

Das Jaguarfell wird oft mit dem Nachthimmel assoziiert, wobei die Flecken die leuchtenden Sterne darstellen. Weiterhin werden die mystischen Qualitäten des nächtlichen Jägers mit der Unterwelt in Verbindung gebracht sowie mit dem geschmolzenen, glutflüssigen Erdinneren. Die schwarze Farbvariante des Jaguars symbolisiert eine besondere Erscheinungsform Tezcatlipocas, der in seinen Eigenschaften dem griechischen Unterweltgott Pluto entspricht.

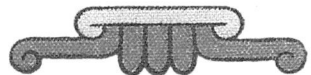

Wenn der Jaguar erscheint, sind auf unterbewusster Ebene gewaltige Kräfte am Werk. Unser Verstand ist sich dieser Ebene kaum bewusst, aber Sie können sicher sein, dass sich dort gerade ein Sturm zusammenbraut und dass Sie über all den Mut und die Kraft verfügen, die Sie brauchen werden. Sie strahlen Autorität aus und die Menschen in Ihrem Umfeld können dies spüren. Es mag eine Zeit dauern, bis sich diese innere Autorität auch äußerlich manifestiert, aber sie wirkt bereits, bevor sie sichtbar wird, und andere reagieren unwillkürlich darauf. In der nächsten Zeit werden Ihnen die Reaktionen Ihrer Mitmenschen zeigen, wer Ihr Verbündeter ist und wer nicht. Die, die Ihnen wohlgesonnen sind, werden Ihre neuen Kräfte respektieren und unterstützen, während Menschen mit einem geringen Selbstwertgefühl sich von Ihren inneren Kräften bedroht fühlen, Sie meiden und unbewusst oder hinter Ihrem Rücken bekämpfen werden. Es ist eher unwahrscheinlich, dass sie Ihnen mit offener Aggression entgegentreten – und darum müssen Sie lernen, die nonverbale Sprache der anderen zu verstehen. Achten Sie auf ihre Gesten, ihren Gesichtsausdruck, den Ton ihrer Stimme und hören Sie nicht nur auf das, was sie sagen, sondern auch auf das, was sie nicht sagen. All dies wird Ihnen helfen, während der Jaguar sein Werk in Ihrem Leben vollbringt.

Die Gegenwart des Jaguars spricht nicht nur für innere Kräfte, sondern auch für äußeren Erfolg. Seine enge Verbindung zur Sonne verspricht ein gutes Ergebnis für all die Pläne, die Sie in jüngster Zeit geschmiedet haben. Der Jaguar ist ein erfolgreicher Jäger und steht an der Spitze der Nahrungskette. Denselben Erfolg und dieselbe Position verspricht er auch Ihnen. Die einzige Voraussetzung ist, dass Sie Ihre Kraft für sich selbst beanspruchen und sie mit Würde und Integrität einsetzen. Nutzen Sie die Schärfe Ihres Verstandes und die Reinheit Ihres Herzens, um Ihr wahres Selbst für sich zu beanspruchen, Ihre höchsten Ziele zu erreichen und die besten Entscheidungen zu treffen.

Umgekehrte Bedeutung

Der umgekehrte Jaguar steht für fehlgeleitete Kräfte – in ihr Gegenteil verkehrt durch Furcht, Zweifel und Ängste. Denken Sie daran: Ihr Totem ist ein Weg, auf dem Sie von Ihrem Herzen geleitet werden. Wenn Ihr Herz von Selbstzweifeln, Furcht oder Wut ergriffen ist, wird die Macht des Jaguars diese negativen Energien unterstützen und verstärken. Wenn Sie sich andererseits der Gegenwart des nächtlichen Jägers bewusst sind, können Sie die Zeit nutzen, um Ihre Ängste und Zweifel zu überwinden. Dazu gehört natürlich auch all die Negativität, die Sie auf andere projizieren.

23 – EIDECHSE

Stichwörter: Überfluss, Sinnlichkeit, Potenz, Vergnügen

Das Erscheinen der Eidechse ist den Priestern Quetzalcoatls zu verdanken und war eine Belohnung für deren großen Eifer und deren Disziplin. In Gestalt des Prinzen Topiltzin lehrte Quetzalcoatl seine Anhänger, mit den Göttern zu arbeiten, zu lesen und zu schreiben, die Bewegungen der Sterne vorauszusagen und die Vorzüge eines nächtlichen kalten Bades zu genießen. Seine Priester waren den strengen Praktiken des Selbst-Opfers verpflichtet wie etwa einer vierjährigen Fastenzeit. Die Götter waren von dem Gehorsam der Priester so beeindruckt, dass sie die Eidechse zur Erde sandten, um reiche Ernten, Überfluss und sexuelle Potenz zu gewährleisten. In vielen Kulturen werden Sexualität und Ernte miteinander in Verbindung gebracht, und wie die alten Ägypter versuchten auch die aztekischen Priester mittels ritueller sexueller Vereinigungen positiv auf die bevorstehende Ernte einzuwirken.

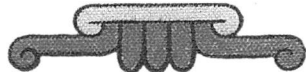

Wenn Sie diese Karte ziehen, ist es an der Zeit, das Leben zu feiern, es in vollen Zügen zu genießen und all die Dinge willkommen zu heißen, die auf Sie warten. Die Eidechse kündigt eine Zeit des Überflusses an. Sicher manifestiert sich Überfluss für jeden anders, aber es gibt eine allgemeingültige Voraussetzung, ohne die er unmöglich ist. Man muss sich erfüllt fühlen, um erfüllt zu werden. Eine Geisteshaltung, die sich auf Mangel und Armut konzentriert, wird die Manifestation des Überflusses verhindern und nur neue Armut schaffen. Selbst die Eidechse kann daran nichts ändern. Machen Sie eine Bestandsaufnahme all Ihrer Reichtümer und listen Sie auch die Dinge auf, die Ihnen täglich Freude bereiten. Geniessen Sie die einfachen Freuden des Lebens wie eine Belohnung. Gönnen Sie sich sinnliche Genüsse wie zum Beispiel ein heißes Bad, ein gutes Glas Wein, Ihre Lieblingsmusik, ein Festmahl oder die sanfte Berührung Ihres Partners. Sie müssen sich all das nicht erst verdienen – nehmen Sie es sich einfach heraus! Wenn die Eidechse in Ihr Leben tritt, bedeutet dies, dass noch mehr Überfluss und weitere Annehmlichkeiten auf Sie warten.

Umgekehrte Bedeutung

Konzentrieren Sie sich zu intensiv auf sinnliche Freuden und vernachlässigen deshalb andere wichtige Bereiche? Ein Hedonist schwelgt im Genuss um des Genusses wegen und begreift gar nicht, dass der Genuss nur in Verbindung mit dem übrigen Leben Sinn ergibt und wirklich erfüllend ist. Vielleicht ist es für Sie an der Zeit, gründlich über die tiefere Bedeutung von Freude und Genuss nachzudenken und sich wieder mit sich selbst und dem Geist zu verbinden. Oder sind Sie vielleicht so zugeknöpft und verschlossen, dass Sie die Berührung eines anderen nicht einmal ertragen können? Empfinden Sie nur wenig Freude in Ihrem Leben? Dies kann sowohl körperliche als auch seelische Ursachen haben. Vielleicht sollten Sie einen Arzt oder Psychologen konsultieren, der Ihnen hilft, die Probleme aufzulösen und zu Ihrer eigenen Sinnlichkeit zurückzufinden.

Die Karten ◆ 111

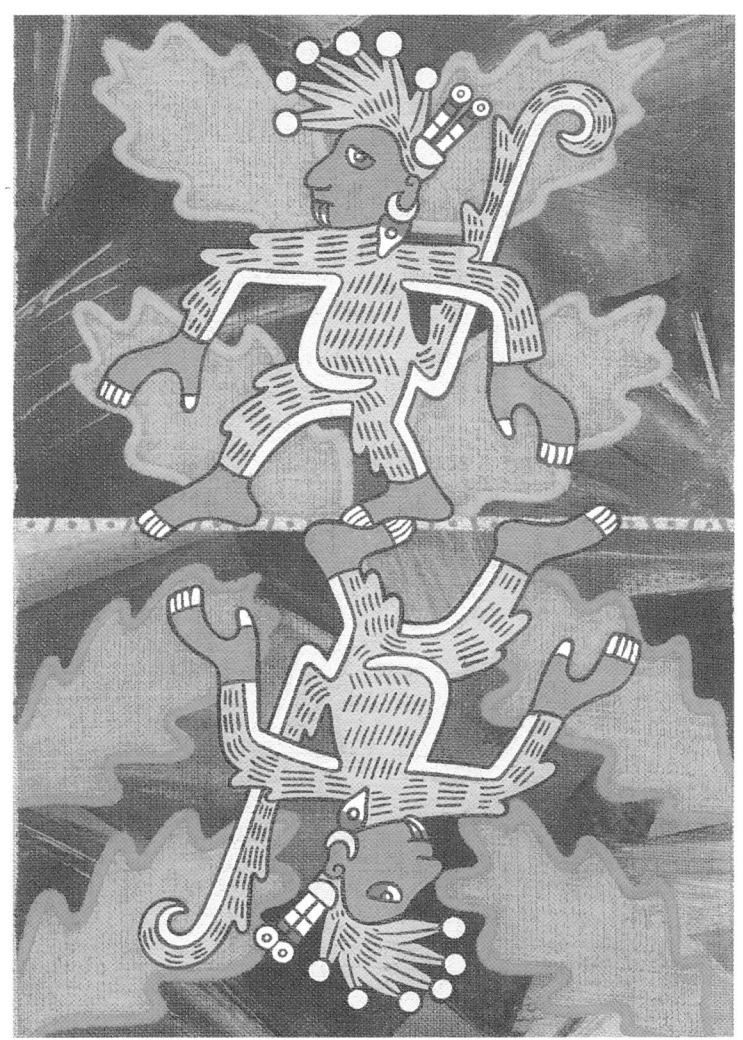

24 – AFFE

Stichwörter: Schläue, Überleben, Opportunismus, Verstohlenheit

Die aztekische Kosmologie unterscheidet fünf Sonnen oder Zeitalter. Die Affen entstanden während des zweiten Zeitalters, in dem Quetzalcoatl der herrschende Sonnengott war und die Menschen sich von den Früchten des Mesquite-Baumes ernährten. Gegen Ende der Zweiten Sonne wurden alle Dörfer von furchtbaren Hurrikans zerstört und die

Menschen, die nicht im Sturm umkamen, wurden vom Wind in den Wald geblasen und verwandelten sich in Affen. Aber statt über ihren Verlust zu klagen, arrangierten sie sich mit ihrem Schicksal und lernten, das Beste daraus zu machen.

Der Mythos spiegelt den wohl verdienten Ruf des Affen als Überlebenskünstler. Affen verteidigen ihre Gemeinschaft gegen jede Bedrohung, einschließlich den Menschen. Sie sind äußerst intelligent und passen ihr Verhalten den jeweiligen Umständen an. Sie verteidigen ihre Nahrungsquellen mitunter durch Betrug, indem sie Menschen oder andere vermeintliche oder echte Konkurrenten von ihrem Futterplatz weglocken. Sie sind für ihre Rachsucht bekannt, die sie auch gegenüber Menschen zeigen, die sie geärgert haben. Wenn ein solcher Mensch an den „Tatort" zurückkehrt, ist es nicht selten, dass er von den Affen mit Kot beworfen oder einfach vollgespien wird.

Am Berg Takao in Taiwan leben Menschen und Makaken seit mehr als 130 Jahren zusammen. Als Antwort auf die Versuche der lokalen Verwaltung, die Fütterung der Affen durch Verbote zu unterbinden, haben die Makaken neue und kreative Wege gefunden, an ihr Futter zu kommen. Ihre Strategien sind äußerst vielfältig und variieren von einfachem Betteln bis hin zu regelrechten Raubüberfällen. Ein paar schlaue Affen sind sogar dabei beobachtet worden, wie sie heimlich den Saft aus Getränkekartons saugten.

Wenn Sie diese Karte als Antwort auf eine Frage erhalten, sollten Sie die betreffende Angelegenheit gewitzter angehen. Der offene und ehrliche Ansatz führt nicht zum Erfolg. Sie sollten opportunistisch handeln und Wege suchen, Ihren Kopf durchzusetzen. Vielleicht müssen Sie auf dem Weg zum Erfolg sogar Täuschungsmanöver einsetzen oder die Aufmerksamkeit anderer von Ihren wahren Plänen ablenken. Sie mögen sich fragen: „Aber ist das fair?" Dann frage ich Sie: „Fair wem gegenüber?" Das Leben ist selten fair und wir alle müssen immer wieder Wege zum Überleben in einer Welt finden, in der nicht immer alles einen Sinn ergibt. Das Leben ist eben kein Spiel, in dem wir alle nach denselben Regeln spielen. Die Regeln unterscheiden sich je nach Klasse, Einkommen, Machtposition und sozialem Umfeld. Und der Affe rät Ihnen, sich in Ihrer momentanen Lage nicht von den Regeln beengen zu lassen, die andere für Sie aufgestellt haben.

Umgekehrte Bedeutung

Der umgekehrte Affe rät Ihnen dringend, Ihren Plan aufzugeben, die Zelte abzubrechen und die Situation auf sich beruhen zu lassen, weil Sie im Begriff sind, in Ihre eigene Falle zu tappen. Sie sind die ganze Sache ein wenig zu opportunistisch angegangen. Die Redensart: „Wer andern eine Grube gräbt, fällt selbst hinein", trifft hier den Nagel auf den Kopf. Sie wollten den Affen spielen, werden aber zur Sau gemacht, wenn Sie Ihre Strategie nicht umgehend ändern. Es ist Zeit, der Wahrheit ins Gesicht zu sehen, da Ihre Pläne gerade aufgeflogen sind.

25 – OZELOT

Stichwörter: Geheimnisse, Verborgenes, Mysterien, Unbekanntes

Der Ozelot ist eine gefährdete Katze, die vieles mit dem Jaguar gemeinsam hat. In der aztekischen Mythologie wird er nicht so oft erwähnt wie seinen größerer Vetter, aber aufgrund seiner Nachtaktivität und seines gepunkteten Fells wurde auch der Ozelot mit dem Nachthimmel assoziiert. Und doch sind die Energien der beiden gefleckten Katzen grundverschieden. Während der Jaguar die Sonne repräsentiert, ist der Ozelot dem Mond zugeordnet. Er ist der nächtliche Aspekt des Gespannes und wie bei den meisten Göttern ist die Nachtseite von größerer Intensität, geheimnisvoll und furchterregend. Ozelots jagen nur bei Nacht. Sie sind Einzelgänger und an keinen bestimmten Lebensraum gebunden. Man findet sie sowohl in den Hochebenen der Anden als auch in den Regenwäldern des Amazonas. Ihr Verhalten spiegelt ihr Bedürfnis nach Heimlichkeit und sie jagen nur aus der Deckung heraus, indem sie sich zum Beispiel im dichten Gebüsch an ihre Beute heranpirschen. Der Name „Ozelot" ist von dem aztekischen Wort *ocelotl* abgeleitet – ein Begriff, der nicht nur für die Katze, sondern auch für den Schutz der Nacht und für Geheimhaltung steht.

In allen okkulten Traditionen ist Geheimhaltung eine Grundvoraussetzung. Der Begriff „okkult" stammt vom lateinischen *occultus* und bedeutet „verborgen" oder „verhüllt". Worum es auch immer bei Ihrer Frage geht, es sollte vertraulich und mit Fingerspitzengefühl behandelt werden. Geheimhaltung ist nicht immer negativ und es gibt gute Gründe, Dinge vor der Öffentlichkeit zu verbergen. So halten zum Beispiel Regierungen geheime Dokumente unter Verschluss und auch die Industrie hütet ihre Patente, damit sie nicht bereits in der Entwicklungsphase von Konkurrenten kopiert werden. Auch polizeiliche Ermittlungen müssen oft vorerst geheim gehalten werden, um die Täter, die noch auf freiem Fuß sind, nicht vor einem bevorstehenden Zugriff zu warnen.

Dasselbe gilt für persönliche Angelegenheiten. Wenn man sich ein Ziel gesetzt hat, behält man es oft besser für sich, damit sich die Kraft nicht bloß in Worten, sondern auch in Taten manifestiert. Es kann sein, dass Sie Ihre Absichten vor Menschen verbergen müssen, die Sie ansonsten entmutigen oder sogar bewusst sabotieren würden. Nicht jeder Gedanke muss ausgesprochen werden. Wenn der Ozelot in Ihrer Auslage erscheint, kann es sein, dass er Ihnen sagen will, dass Sie sich nicht aller Aspekte der betreffenden Situation bewusst sind. Er will Ihnen helfen, verborgene Aspekte aufzudecken, und er ist ein großartiger Lehrer in Hinsicht auf Mysterien und das Unbekannte. (Das Wort *bitte* kann wahre

Wunder wirken, wenn es darum geht, sich der Hilfe des Ozelots zu versichern.)

Umgekehrte Bedeutung

Die umgekehrte Karte weist darauf hin, dass Dinge bewusst vor Ihnen verborgen oder geheim gehalten werden. Es kann sein, dass jemand Sie beschützen oder betrügen möchte. Vielleicht fürchtet sich die betreffende Person auch nur vor Ihrer Reaktion, wenn Sie herausfinden, was vor Ihnen verborgen wird. Der umgekehrte Ozelot kann außerdem anzeigen, dass Sie etwas viel zu oberflächlich betrachten und gar nicht daran interessiert sind, den Dingen auf den Grund zu gehen oder weiter darüber nachzudenken. Wissen ist Macht, wenn es die Tiefen der Dinge durchdringt. Wenn es nur an der Oberfläche bleibt, bringt es Ihnen gar nichts.

26 – EULE

Stichwörter: Tod, Wandel, Ende, Loslassen, Trennung

Kein aztekisches Orakel wäre vollständig ohne das Symbol für den Tod. Für die Azteken war der Tod ein ständiger Begleiter. Als besonders ehrenvoll galten der Tod im Zweikampf und der Opfertod, weil sie die Seele unmittelbar in den zwölften Himmel beförderten – und dieser war nur eine Stufe vom dreizehnten Himmel, dem Sitz der Götter entfernt.

Die Eule stand für den Tod, weil sie das Nahualli des Herrschers der Unterwelt, des Totengottes Mictlantecuhtli war. Für die Azteken war die Unterwelt ein furchtbarer Ort, voller unvorstellbarer Schrecken, bevölkert von Dämonen und Monstern. Die Eule wurde als Todesbote betrachtet. Bis zum heutigen Tag wird ihr Erscheinen in Mexiko als böses Omen gedeutet, das im günstigsten Fall Unglück und im schlimmsten Fall den Tod verheißt. Aber trotz ihres schlechten Rufs ist die Eule nicht immer ein Bote der Verdammnis, da ihr Erscheinen auch für einen symbolischen Tod, das Ende von Problemen und einen Neuanfang stehen kann.

Der amerikanische Uhu, der größte Vertreter der Eulen in Mexiko, ist ein gnadenloser Jäger, der bei der Auswahl der Beute nicht sonderlich wählerisch ist – alles, von der Maus bis zur Katze, kann ihm zum Opfer fallen. Die beiden Federohren auf seinem Kopf erinnern an Teufelshörner, was den Eindruck von seiner Verbindung zur Unterwelt noch verstärkt. Ihr lautloser Flug und ihre unheimlichen nächtlichen Rufe haben einen Mythos um die Eule geschaffen, der sie zum Unheilsverkünder und Todesboten machte.

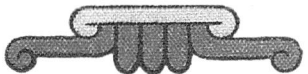

Wenn Sie diese Karte ziehen, sollten Sie darüber nachdenken, was in Ihrem Leben stirbt: Ist es Ihre Beziehung zur Familie? Wie steht es um Ihre Arbeit? Raubt Sie Ihnen Ihre Kraft, anstatt Sie zu erfüllen? Die Eule warnt Sie vor den Dingen, die geschehen könnten, wenn Sie weiterhin unachtsam mit diesen Angelegenheiten umgehen. Andererseits kann die Botschaft der Eule auch eine positive sein – dass ein dauerhafter Wandel in Ihrem Leben bevorsteht, an dem Sie schon lange arbeiten. In diesem Falle ist es eine Bestätigung, eine andere Art von Zeichen. Das Erscheinen der Eule bestätigt Ihnen, dass der Wandel bald eintreten wird, dass Sie Ihre Anstrengungen fortsetzen sollen und Ihre Hoffnung nicht aufgeben dürfen. Ein Abschnitt Ihres Lebens endet, um die Geburt eines neuen einzuleiten. Haben Sie keine Angst vor dieser Karte – nur selten spricht Sie vom physischen Tod. Meist kündigt sie das Ende eines Kreislaufs an, dem ein Neuanfang folgt.

Umgekehrte Bedeutung

Die umgekehrte Eule will Ihnen helfen, sich von Teilen Ihrer Vergangenheit oder Gegenwart zu lösen, deren Zeit gekommen ist. Sie wissen ganz genau, worauf die Eule anspielt, und doch ziehen Sie es vor, sich weiter daran zu klammern. Sie müssen die Dinge, die Sie nicht mehr voranbringen, endlich loslassen, damit sich Ihr Leben ändern kann. Ansonsten wird es zum Stillstand kommen. Meist wissen wir insgeheim schon lange, dass bestimmte Dinge zu Ende sind, und doch ignorieren wir es, weil wir uns vor den Gefühlen fürchten, denen wir uns stellen müssen, wenn wir es uns eingestehen. Verluste und Trennungen sind nie einfach, aber sie gehören nun mal zum Leben. Ohne sie gäbe es keine Entwicklung. Oft müssen bestimmte Dinge enden, damit andere in unser Leben treten können. Wenn Sie an überkommenen Beziehungen oder Gewohnheiten festhalten, wird das Ihre Frustration nur verstärken und Ihre Zuversicht schmälern.

27 – WACHTEL

Stichwörter: Heilung, Wiederherstellung, Rehabilitation

Wachteln sind für ihre ständige Bereitschaft bekannt, in Panik zu geraten und wild umherzurennen, wenn sie gestört werden. Dabei erreichen sie mitunter Geschwindigkeiten von zwölf Kilometern in der Stunde. In der aztekischen Schöpfungsgeschichte finden wir all diese Eigenschaften wieder. Dem Mythos zufolge wurden die ersten Menschen aus den

Knochen einer ausgestorbenen Rasse erschaffen. Zunächst mussten jene Knochen aber aus dem Land der Toten geholt werden, und dies vollbrachte kein geringerer als der schlaue Gott Quetzalcoatl. Nachdem es ihm gelungen war, sie dem Herrn des Todes abzuschwatzen, stolperte er auf dem Rückweg von Mictlan über eine in Panik geratene Wachtel und ließ die Knochen fallen. Schnell hob er die Bruchstücke auf und setzte seinen Rückweg zur Erdoberfläche fort, wo die Götter aus den zerbrochenen Knochen die ersten Menschen schufen, indem sie ihr göttliches Blut darüber vergossen.

Im Aztekenreich riefen Heiler die Wachtel an, wenn sie Knochenbrüche ihrer Patienten behandelten. Der spanische Priester Ruiz de Alcaron hat in seiner „Abhandlung über den heidnischen Aberglauben" eine Beschwörungsformel wiedergegeben, die ein aztekischer Arzt rezitierte, während er die Knochen eines Patienten richtete: „Heil dir, oh Wachtel, Verursacher des Aufruhrs, was hast du nur angestellt? Was hast du mit den Knochen aus Mictlan getan, die du in Panik zerbrachst? Jetzt bin ich gekommen, um sie zu richten, die Knochen im Fleische zu strecken, damit sie heilen."

Weil man die Wachtel für Quetzalcoatls Missgeschick in ferner Vergangenheit verantwortlich machte, wurde sie auch angerufen, wenn es um die Heilung von Knochenbrüchen ging. Dies ist ein gutes Beispiel für den Glauben der Mexica an die enge Verbindung zwischen Mensch und Tier, der weit über den Glauben an eine individuelle Verbindung zu einem jeweiligen Nahualli hinausging.

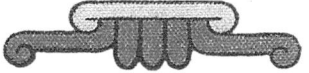

Wenn die Wachtel in Ihrer Auslage oder in Ihrem Leben erscheint, ist es an der Zeit, Dinge in Ordnung zu bringen oder Zerbrochenes zu kitten. Es ist eine Zeit der Heilung und Rehabilitation, wobei es sich sowohl um körperliche als auch um emotionale Verletzungen handeln kann. Die Wachtel will Sie daran erinnern, dass jede Heilung ihre Zeit braucht. Ruhe ist eine absolute Grundvoraussetzung für jeden Heilungsprozess.

Heilung, Wiederherstellung und Rehabilitation verlangen stets Geduld, Einsatz und Vergebung. Wir können nicht immer Krieger sein und wir alle haben unsere Schwächen und Leiden. Wir sollten lernen, behutsam mit uns selbst umzugehen und unser kritisches Urteil zurückzustellen, wenn es um die Fortschritte unserer Heilung geht. Manchmal erfordern Heilung und Rehabilitation mehr Mut, als Sie sich vorstellen können. Sie mögen vielleicht glauben, dass Sie über diesen Mut gar nicht verfügen, aber Sie tun es.

Umgekehrte Bedeutung

Die umgekehrte Karte legt nahe, dass Sie Ihre Energie in einem fehlgeleiteten Heilungsversuch vergeuden. Sie mögen glauben, dass das, was Sie tun, die Situation entschärft, aber in Wirklichkeit macht es alles nur schlimmer. Es kann sein, dass Sie gar nicht bemerken, dass Heilung vonnöten ist, oder Sie wollen es einfach nicht wahrhaben. Vielleicht spielen Sie auch ein perverses Spiel, um das Leiden zu verlängern? Auf jeden Fall müssen Sie Ihre derzeitigen Bemühungen einstellen, Ihre Situation überdenken und einen besseren Ansatz suchen.

28 – QUETZAL

Stichwörter: Status, Ruhm, Anerkennung, Kunst

Der Quetzal ist ein wunderschöner und seltener Vogel, der in den Nebelwäldern Mittelamerikas lebt. Seine schimmernden, blaugrünen Schwanzfedern waren seit jeher sehr begehrt und galten als Zeichen der Königswürde. In Nahuatl, der Sprache der Azteken, bedeutet *quetzal* soviel wie „kostbar". Wenn das Männchen um ein Weibchen wirbt, singt und tanzt es, wobei es seine langen, glänzenden Schwanzfedern kunstvoll umherschwingt. Der Gott Quetzalcoatl, die Gefiederte Schlange, vereint in sich den Quetzal (Federn) und die Jade (Serpentin oder Schlangenstein). Schwangere Frauen trugen gewöhnlich ein Stück Jade und eine Quetzal-Feder bei sich, da man glaubte, dass diese Amulette sowohl das Aussehen des Kindes als auch sein Ansehen in der Gesellschaft prägen würden.

Quetzal-Federn standen bei den Azteken hoch im Kurs. Ihr Marktwert resultierte nicht nur aus ihrer besonderen Schönheit, sondern auch aus der Tatsache, dass die Händler bis in die entlegenen Hochländer von Guatemala reisen mussten, um sie zu finden. Interessanterweise stammt die von den Azteken besonders geschätzte blaugrüne Jade, das „Herz der Schlange", ebenfalls aus dieser Region.

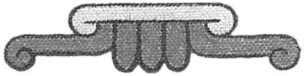

Wenn der Quetzal in Ihrem Leben erscheint, ist der Erfolg vorprogrammiert. Seine Energie bringt Status, Ruhm, Anerkennung, künstlerische Kreativität und andere bemerkenswerte Eigenschaften mit sich. Wenn Sie ein Stück Jade und eine Quetzal-Feder bei sich tragen, ist Ihnen der Erfolg garantiert, vor allem, wenn der Quetzal Ihr Nahualli ist.

Umgekehrte Bedeutung

Der umgekehrte Quetzal sagt, dass die Anerkennung noch auf sich warten lässt. Alle Voraussetzungen für den Erfolg sind gegeben, aber entweder sind sie falsch angeordnet oder Sie sabotieren sich selbst, indem Sie gegen Ihren Erfolg arbeiten oder sich von widersprüchlichen Glaubenssätzen ablenken lassen. Oft steckt die sprichwörtliche Furcht vor dem Erfolg dahinter. Überwinden Sie diese Furcht und die falschen Glaubenssätze und erkennen Sie an, dass sowohl Ruhm als auch Anerkennung Ihr Geburtsrecht sind. Es ist vielleicht an der Zeit, Ihre Ziele zu überprüfen. Erforschen Sie Ihr Herz und finden Sie heraus, was Sie wirklich wollen. Und, wenn Sie es herausgefunden haben, räumen Sie die Dinge beiseite, die Ihnen den Weg zu Ihrem Erfolg verbauen. Der umgekehrte Quetzal spricht nicht gegen Ihren zukünftigen Erfolg. Im Gegenteil, er erinnert Sie daran und hilft Ihnen, auf Ihren Weg dorthin zurückzufinden.

29 – KANINCHEN

Stichwörter: Innenschau, Ruhe, Entspannung

In vielen Kulturen wird das Kaninchen mit dem Mond in Verbindung gebracht. Bei den Azteken galt es als Nahualli des Mondes, während der Adler die Sonne repräsentierte. In einer alten magischen Beschwörungsformel wird die Erde mit den folgenden Worten angerufen: „Erscheine, o Kaninchen, du glänzender Spiegel." Dies impliziert, dass das Kaninchen sowohl das Gesicht der Erde im Himmel als auch das Gesicht des Himmels auf Erden wiederspiegelt. Wenn man die Seen um Tenochtitlán (das heutige Mexico City) von oben betrachtet, bilden sie gemeinsam die Form eines Kaninchens, und wenn man den Mond von unten betrachtet, erkennt man Kaninchenspuren auf ihm. Die aztekischen Mythen berichten, wie es dazu kam: Zur Zeit der Schöpfung der Fünften Sonne hatten sich zahlreiche Götter selbst geopfert, um die Sonne ein weiteres Mal aufgehen zu lassen. Als ihr Opfer aber Wirkung zeigte, erschienen Sonne und Mond plötzlich gemeinsam am Himmel. Dies erzürnte die Götter und sie warfen das Kaninchen gegen den Mond, um ihn zurückzutreiben, da er den Himmel nicht mit der Sonne teilen sollte. Und so ist bis zum heutigen Tage der Abdruck des Kaninchens auf der Mondoberfläche zu erkennen.

Das Kaninchen behütet all die Dinge, die wir geheim halten möchten. Es lebt in einem sicheren, gemütlichen Bau unter der Erde. Kaninchen haben sehr viele natürliche Feinde, einschließlich uns Menschen. Auf Gefahr reagieren sie stets mit Flucht. Sie stellen sich ihren Feinden nicht, da sie wissen, dass sie ohnehin den Kürzeren ziehen würden. Ihr einziger Schutz liegt darin, sich zu verstecken.

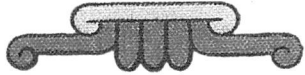

Das Kaninchen rät, dass Sie sich Zeit zum Nachdenken und Ausruhen gönnen sollten. Manchmal ist es entspannend, sich mit einem guten Buch vor dem Kamin zu räkeln und sich selbst in der Wärme und Sicherheit des eigenen Heims zu verlieren. Es ist nicht nur beruhigend, sondern lebensnotwendig, einen solchen Rückzugsort zu haben. Die Energie, die das Kaninchen im Orakel umgibt, hat aber nichts mit Furcht zu tun. Wenn die Zeit zum Rückzug gekommen ist, sollte man ihn nicht aus Furcht antreten, sondern mit der strategischen Absicht, die eigenen Kräfte wiederherzustellen. Innenschau, Entspannung und Ruhe sind notwendige, ja lebenswichtige Aktivitäten. Wir alle brauchen einen sicheren Hafen und einen Platz, an dem wir uns einfach fallen lassen können.

Umgekehrte Bedeutung

Das umgekehrte Kaninchen zittert vor Furcht, unfähig, den Weg zurück in den schützenden Bau zu finden. In diesem Zustand ist es unmöglich, Innenschau zu halten, da diese ein ausgeglichenes Gemüt voraussetzt. Wenn man innerlich aufgewühlt ist, kann man sich nicht entspannen, und ohne Entspannung findet man keine Ruhe. Das umgekehrte Kaninchen ist typisch für Workaholics, die ihre Arbeit missbrauchen, um sich von den eigentlichen Herausforderungen des Lebens abzulenken. Diese Menschen halten sich selbst ständig in Bewegung, um zu vermeiden, dass sie sich unangenehmen Gefühlen oder Situationen stellen müssen. Mit zahllosen Ausreden und Terminen drücken sie sich vor der Arbeit an sich selbst, doch irgendwann sind auch sie erschöpft und brechen zusammen. Inzwischen haben sich all die Dinge, die sie vermeiden wollten, zu einem Berg aufgetürmt, den sie kaum noch bewältigen können. Wenn Sie sich hierin wiedererkennen, rät Ihnen das Kaninchen, ein paar Gänge zurückzuschalten und sich den wahren Anforderungen des Lebens zu stellen, die zu Hause in Ihrem Bau auf Sie warten.

30 – KLAPPERSCHLANGE

Stichwörter: Furcht, Wut, Zerstörung, Aggression

Schlangen waren für die Azteken stets von besonderer Bedeutung und jede Art wurde mit bestimmten Vorzeichen in Verbindung gebracht. Wenn man etwa einer Korallenotter begegnete, war dies ein Zeichen für Überfluss und gutes Gelingen. Wenn einem eine Viper über den Weg kroch, bedeutete dies jedoch Schmerz und Tod. Die Klapperschlange stand für die Schrecken der Unterwelt und das Missfallen der Götter. Viele aztekische Götter wurden mit Schlangen assoziiert; manche eher wohl wollend, andere furchterregend. Die am meisten gefürchtete Göttin des aztekischen Pantheons war Coatlicue (Schlangen-Rock), die Mutter des Kriegsgottes Huitzilopochtli. Die Statue der Coatlicue im Tempel von Tenochtitlán besaß einen Rock aus Klapperschlangen und eine Halskette, an der menschliche Schädel und abgeschlagene Hände hingen.

Die Vorzeichen, die mit der Klapperschlange verbunden wurden, waren immer schlecht. Wenn ein Mexica ihr begegnete, sagte er: „*Coatl onechohuiltecqui*", was so viel bedeutet wie: „Sie hat mir den Lebensfaden abgeschnitten." Manche waren sogar der Überzeugung, dass Klapperschlangen gar keine Tiere, sondern böse Geister waren, die sie nach Mictlan verschleppen wollten, um sie für ein Verbrechen büßen zu lassen, das sie begangen hatten. Wie auch immer – das Erscheinen der Klapperschlange rief stets Furcht und Schrecken hervor.

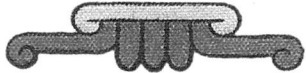

Wenn Sie diese Karte ziehen, sollten Sie darauf achten, wie sich Furcht und Wut in Ihrem Leben manifestieren. Sie mag auch auf selbstzerstörerisches Verhalten hinweisen oder darauf, dass andere etwas gegen Sie im Schilde führen. Sie kann zudem vor unmittelbaren Gefahren natürlicher Herkunft warnen. Auf jeden Fall ist das Erscheinen der Klapperschlange immer ein Zeichen, das Sie beachten und näher untersuchen sollten.

Die Klapperschlange ist eine der beiden „Giftkarten" (die andere Karte ist der Skorpion). Furcht und Wut sind wie Gift, das aus dem Körper entfernt werden muss, da es sonst jede Heilung verhindert. Am besten geschieht dies durch gründliches Nachdenken und Ehrlichkeit: Wovor fürchten Sie sich? Auf wen oder was sind Sie wütend? Es ist an der Zeit, sich diesen Emotionen und den Menschen, die sie ausgelöst haben, zu stellen – ganz gleich, ob Sie von diesen absichtlich oder unabsichtlich verletzt wurden. Vergeben Sie ihnen, wenn es möglich ist, und lassen Sie Ihre Wut hinter sich.

Ein gutes Beispiel für die Bedeutung der Klapperschlange ist eine Auslage, die wir am 21. Januar 2003 machten, als ein Erdbeben mit der

Stärke von 7,6 auf der Richter-Skala Mexiko erschütterte. Wir nutzten hierzu eine Variante des Legemusters „Die Fünf Himmelsrichtungen", das weiter hinten im Buch näher beschrieben ist, um zu erfahren, was die Karten dazu zu sagen hatten. Wir zogen folgende Karten in den entsprechenden Feldern: Klapperschlange (Zerstörung) im Feld der Aktion, Kröte (Chaos) im Feld der Manifestation, Kolibri (rasches Handeln) im Kern der Sache sowie die gegensätzlichen Elemente Feuer (Xiuhtecuhtli) und Wasser (Chalchiuhtlicue) auf gegenüberliegenden Plätzen. Die Karten zeichneten ein genaues Bild von dem, was vorging. Das Epizentrum des Bebens (Xiuhtecuhtli) befand sich im Meer (Chalchiuhtlicue). Es kam überraschend (Kolibri), war ausgesprochen zerstörerisch (Klapperschlange) und rief, wie nicht anders zu erwarten, großes Chaos (Kröte) in den betroffenen Städten hervor.

Dieses Beispiel ist natürlich drastisch und zeigt nur eins der vielen Gesichter der Klapperschlange. Destruktive Energie kann sich auch weit weniger dramatisch manifestieren. Hinter jeder Aktivität, so harmlos sie scheinen mag, kann sich Zerstörung und Gefahr verbergen. Und Zerstörung sät stets neue Furcht: Furcht vor dem, was nun anstelle des Zerstörten oder Verlorenen kommen mag. Orakel sind meist eine große Hilfe, wenn es um die Beantwortung von Fragen geht, die aus einem Zustand der Furcht und Unsicherheit geboren werden. Geraten Sie also nicht in Panik, wenn die Klapperschlange erscheint. Bitten Sie das Orakel um weitere Anleitung und befragen Sie die Karten erneut.

Umgekehrte Bedeutung

Die umgekehrte Klapperschlange legt nahe, dass die destruktive Energie in der betreffenden Angelegenheit noch eine Weile vorherrschen wird. Meist geht es dabei um Wut oder Furcht, die sich gegen einen selbst richtet. Es ist nun an der Zeit, zu den Wurzeln der Emotionen vorzustoßen und sie dort zu neutralisieren. Bitten Sie das Orakel um Rat im Umgang mit diesen schwierigen Energien. Jetzt, da Sie auf dem Weg zur Besserung und Selbsterkenntnis sind, wird es immer unwahrscheinlicher, dass Sie erneut von Furcht oder Wut überwältigt werden.

31 – RABE

Stichwörter: Illusion, Täuschung, Zauberei, schwarze Magie

Der Rabe ist das Gegenstück der Göttin Tlazolteotl (die Unratverschlingerin). Aufgrund seines glänzend schwarzen Gefieders und seiner Vorliebe für Aas wird er mit der Nacht assoziiert. In Mythen und Fabeln wird immer wieder auf seinen großen Appetit hingewiesen – er lässt keinen Trick unversucht, um zum Beispiel an seinen Käse zu kommen. Der

Rabe ist ein urtümlicher Vogel, der oft mit dem Ursprung des Lebens in Verbindung gebracht wird. In einer alten indianischen Schöpfungsgeschichte werden Himmel und Erde aus Rabenkot erschaffen. Wie der Kojote gilt auch der Rabe als Betrüger und Gauner, aber die Energie, die ihn umgibt, ist wesentlich düsterer.

Häufig entsprechen die Merkmale eines Tieres im Mythos seinen tatsächlichen Eigenschaften. Ein Forscher, der versuchte, die Lautäußerungen von Raben auf Band aufzuzeichnen, beobachtete, wie einer der Vögel zu einem Zweig aufflog, ihn mit dem Schnabel abbrach und ihn dann auf das Mikrophon fallen ließ. Da der vermeintliche Feind nicht von der Stelle wich, flog der Rabe erneute Angriffe und bombardierte das Mikrophon immer wieder mit Zweigen.

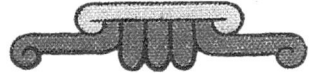

Wenn der Rabe in Ihrer Auslage oder in Ihrem Leben erscheint, möchte er Ihre Aufmerksamkeit auf eine Illusion richten, der Sie erliegen. Es gibt zahlreiche Arten von Täuschungen. Auf der physischen Ebene mag es ein Geschäftsmann sein, der Sie mit gefälschten Dokumenten übers Ohr haut, oder eine Firma, die Ihnen mit allerlei Tricks minderwertige Ware zu überteuerten Preisen verkauft. Auf der emotionalen Ebene kann Sie jemand manipulieren, indem er zum Beispiel Schuldgefühle in Ihnen weckt oder Ihr Ego anspricht und Ihnen Honig um den Bart schmiert. Der Rabe ist ein Meister der Täuschung, sowohl in der Natur als auch im Orakel. Seien Sie stets auf der Hut, wenn Raben-Energie im Spiel ist. Suchen Sie nach versteckten Gründen, warum die Dinge sich so entwickelt haben und wer von dieser Entwicklung profitiert. Der Rabe ähnelt in mancher Hinsicht einem Bühnenmagier, der mit allerlei Tricks und viel buntem Drumherum Ihre Aufmerksamkeit von dem ablenkt, was wirklich vorgeht.

Umgekehrte Bedeutung

Die umgekehrte Karte legt den Verdacht nahe, dass Sie selbst andere Menschen mit Illusionen umgarnen. Vielleicht verschweigen Sie nur etwas, aber vielleicht planen Sie ja einen regelrechten Betrug. Wie dem auch sei, wenn der Rabe es weiß, wird es jemand anders ebenfalls herausfinden, und Sie täten besser daran, Ihre Versuche umgehend einzustellen. Vermitteln Sie anderen ein falsches Bild von sich? Irgendwann zerplatzt die Luftblase der Illusion und die Wirklichkeit kommt zum Vorschein. Ihre Wimpern sind gar nicht so lang und Sie sind nicht so groß, wie Sie es andere haben glauben lassen. Warum sind Sie nicht gleich ehrlich? Sie werden sich wundern, wie sehr Ihr Umfeld Ihre wiedergefundene Ehrlichkeit und Ihr neues Selbstvertrauen zu schätzen und zu würdigen weiß.

32 – ROTER ARA

Stichwörter: Phönix, Auferstehung, Wiedergeburt

Der Rote Ara oder Arakanga galt bei den Azteken als Nahualli des gefürchteten Gottes Chalmecatecuhtli (der Opferer). Wie ein Chamäleon konnte der Opferer verschiedene Gestalten annehmen, eine schrecklicher als die andere. Während seine Aufgabe im Opfern von Menschen bestand, konzentriert sich die Energie des Roten Aras auf Wiedergeburt und

Auferstehung. Er ist der Phönix, der aus seiner eigenen Asche emporsteigt. Die Götter nehmen nicht nur, sie geben auch. Wenn ihnen Opfer gebracht werden, wird die frei gesetzte Energie in anderer Form zurückgegeben. Und das ist das eigentliche Metier des Arakanga.

Der Lebensraum des Arakanga sind die Baumkronen der Regenwälder Süd- und Mittelamerikas. Mit seiner überaus großen Spannweite ist der Rote Ara ein hervorragender Flieger. Seine Lebenserwartung ist hoch und es sind Arakangas bekannt, die in Gefangenschaft über 80 Jahre alt geworden sind. Schon bei den Olmeken, einer Kultur, die der aztekischen vorausging, waren die roten Federn des Arakanga für rituelle Zwecke äußerst begehrt. Heute steht der Rote Ara auf der Liste der vom Aussterben bedrohten Arten, und das ist vor allem dem illegalen Handel mit diesen schönen und seltenen Vögeln zu verdanken. Man schätzt, dass nicht einmal mehr 100 Paare in freier Wildbahn leben und brüten.

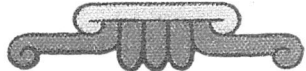

Wenn Sie diese Karte ziehen, kehrt etwas zu Ihnen zurück, dass Sie verloren hatten – vielleicht in veränderter Form oder anderer Gestalt. Ein Kreis wird geschlossen, ein energetischer Zyklus vollendet. Um herauszufinden, was dies genau bedeutet und in welcher Form die Energie zu Ihnen zurückkehren wird, sollten Sie weitere Karten ziehen oder die umgebenden Karten in Ihrer Auslage auf Hinweise untersuchen. Bedenken Sie, dass der Gott, der zu diesem Nahualli gehört, kein freundliches Wesen ist. In den meisten Fällen erscheint er – wie die ägyptische Göttin Serket – in furchterregender Gestalt und fordert seinen Tribut. Wenn das Opfer aber aus freiem Herzen dargebracht wird, ist er meist großzügig und das Erscheinen des Arakanga ein gutes Omen. Das ist der Maßstab, an dem Sie die Bedeutung der Karte für sich ablesen können: Geben Sie selbstlos, aus freien Stücken oder für einen guten Zweck? Oder fällt es Ihnen schwer zu geben und haben Sie stets nur Ihren eigenen Profit im Sinn?

Umgekehrte Bedeutung

Die umgekehrte Karte weist auf die Wiederkehr eines Problems hin, das Sie bereits für gelöst hielten. Wahrscheinlich sind Sie es beim ersten Mal nicht richtig angegangen, doch jetzt bietet sich Ihnen eine zweite Chance, es ein für alle Mal aus dem Weg zu räumen. Die Karte mag auch darauf hinweisen, dass ein Mensch in Ihr Leben zurückkehrt, mit dem Sie noch eine Rechnung zu begleichen haben.

33 – SKORPION

Stichwörter: Versuchung, Abhängigkeit, gestaute Wut

Der aztekische Mythos vom Skorpion erzählt von einem verblendeten Priester und der schönen Göttin Xochiquetzal: Als die frühen Menschen lernten, sich in Tiere zu verwandeln, sah der finstere Priester Yappan seine Chance gekommen. Er zog sich auf einen Berg zurück, um sich durch Meditation und Abstinenz in einen gefährlichen Skorpion zu verwandeln. Die Götter wussten, dass sein Gift zahllose Menschen töten würde, und so sandten sie drei schöne Göttinnen, um ihn zu verführen. Die ersten beiden versagten, aber die dritte, Kostbare Blume, hatte Erfolg. Infolge der sexuellen Vereinigung mit der schönen Xochiquetzal wurde Yappans Gift abgeschwächt und so ist heute der Stich eines Skorpions zwar immer noch sehr schmerzhaft, aber nur selten tödlich.

Skorpione sind nachtaktive Wesen, die sich am Tag verstecken und nachts auf die Jagd gehen. Ihr stabiles Außenskelett bildet einen äußerst wirksamen Schutz gegen allerlei Umwelteinflüsse und Feinde, und ihr Stachel ist eine gefürchtete Waffe. Je nach Art führt das Gift zu starken Schmerzen, Schwindel, Erbrechen, Bewusstseinsstörungen bis hin zum Tod. Der Panzer des Skorpions fluoresziert in ultraviolettem Licht, selbst dann noch, wenn das Tier längst tot ist. Bis heute hat man für dieses Phänomen keine zufrieden stellende Erklärung gefunden.

Wenn der Skorpion in Ihr Leben tritt, sollten Sie darüber nachdenken, was Sie in Versuchung führt und wovon Sie abhängig sind: Was versagen Sie sich selbst? Worin lassen Sie sich gehen? Es muss nicht unbedingt etwas Schädliches sein. Vielleicht erlauben Sie sich keine Freude, weil Sie glauben, sie nicht verdient zu haben. Vielleicht versagen Sie sich selbst den Reichtum, weil Sie glauben, dass Armut eine Garantie für Ehrlichkeit und Anstand sei. Andererseits kann eine allzu große Nachgiebigkeit gegenüber Versuchungen Sie oder Ihre Lieben verletzen oder in Gefahr bringen, sei es durch einen Seitensprung oder Drogensucht. Viele Genüsse können gefährlich werden. Sex ist für unser seelisches und körperliches Wohlbefinden notwendig. Perversionen und sexuelle Abhängigkeiten können uns jedoch genauso sicher umbringen wie der Stich eines Skorpions. Morphium ist ein großartiges Schmerzmittel und wirkt bei schweren Verletzungen Wunder, aber es macht auch sehr schnell süchtig und ist in höheren Dosen tödlich. Die Botschaft des Skorpions ist stets eine Warnung: Sie übertreiben etwas und es ist Zeit, damit aufzuhören.

Der Skorpion ist zudem häufig ein Zeichen für gestaute Wut und andere negative Emotionen, die wir wie Gift in unserem Körper tragen. Wir müssen dieses Gift loswerden, wenn wir nicht daran zugrunde gehen wollen, und zwar auf eine möglichst verträgliche Art und Weise. Wenn Sie auf sich selbst wütend sind, nehmen Sie sich die Zeit, die auslösende Situation noch einmal im Licht des Mitgefühls zu betrachten, und lassen Sie sich selbst vom Haken. Wenn jemand anders Sie gekränkt oder verärgert hat, sprechen Sie mit ihm. Sagen Sie Ihre Meinung und lassen Sie das Gift hinaus, bevor Sie daran ersticken.

Umgekehrte Bedeutung

Sie haben erfolgreich einen Trend umgekehrt. Während Sie zuvor einer Sucht verfallen waren, haben Sie sich nun wieder fest im Griff. Wenn Sie Alkoholiker sind, gelingt es Ihnen jetzt, die Finger von der Flasche zu lassen. Wenn Sie zu den Menschen gehören, die sich ständig Sorgen machen, können Sie sich nun entspannen, indem Sie die Verantwortung einfach an das Universum abgeben und darauf vertrauen, dass Sie die Herausforderungen in Ihrem Leben ohne das ständige Grübeln besser meistern werden. Der umgekehrte Skorpion hat das Gift aus Ihnen herausgezogen und neutralisiert – und das ist sowohl der Göttin Xochiquetzal als auch Ihrer eigenen harten Arbeit zu verdanken.

34 – SCHLANGE

Stichwörter: Vereinigung, Integration, Synthese

Für die Azteken symbolisierte die Schlange die Einheit allen Seins. Weil sie überall hingelangen kann, ist auch nichts vor ihr verborgen. Mit ihrem schlanken Körper kann sie genauso gut Höhlen erkunden wie auf den dünnen Zweigen eines Baums herumklettern. Die Schlange ist ein urtümliches Wesen und wird in fast allen Kulturen verehrt. Im alten Ägypten betrachtete man sie als einen der beiden Pfeiler der Schöpfung, auf denen das Universum errichtet ist. In Indien gilt die Schlangengöttin Kundalini als Verkörperung der universellen Energie. Bei verschiedenen afrikanischen Völkern steht die Schlange für die Kräfte der Unterwelt. In der aztekischen Mythologie wird der Archetyp der Schlange oft als Vulkan dargestellt, aus deren Maul Lava fließt. Aus dieser Lava entstand der Basalt, aus dem die Tempel errichtet wurden. Natürlich war man sich der Tod bringenden Eigenschaften der Schlange bewusst, aber dennoch galt sie in der aztekischen Weltanschauung als integraler Bestandteil der Schöpfung, als Teil des ewigen Kreislaufs von Werden und Vergehen.

Eines der Geheimnisse der aztekischen Kultur und ihrer Vorläufer kreist um die Herkunft der qualitativ hochwertigen, blaugrünen Jade, die zur Herstellung von Statuen und Tiersymbolen verwendet wurde. Die auch als „Herz der Schlange" bekannte Jade war in allen Epochen der mittelamerikanischen Geschichte der wohl beliebteste Schmuck- und Edelstein. Seltsam ist, dass Geologen nicht in der Lage waren, auch nur ein einziges bedeutendes Jadevorkommen in Mexiko zu finden. Erst vor kurzem hat man in Guatemala große Lagerstätten entdeckt, aus denen wohl die Jade der Azteken stammte. Bis heute ist allerdings ungeklärt, auf welchen Wegen die Steine in ausreichender Menge aus dem Süden von Guatemala bis in die zentralen Hochländer und in den Norden Mexikos transportiert wurden.

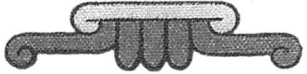

Die Schlange bringt Ihnen die Botschaft von Integration und Synthese. Beide sind Teil eines Prozesses, in dem es darum geht, die voneinander getrennten Teile Ihres Lebens zu einem einzigen bunten Teppich zu verweben. Integration ist darüber hinaus der Schlüssel zu einer überlegenen, alternativen Strategie der Problemlösung, bei der es eben nicht darum geht, Partei zu ergreifen. Wenn sich zwei Parteien oder Meinungen unversöhnlich gegenüberstehen, liegt der Trick darin, zu erkennen, dass alle Meinungen und Ansätze auf gewissen Grundwerten fußen, auf die sich beide Parteien einigen können. Wenn Sie die Diskussion auf diese gemeinsamen Grundwerte verlagern, kann eine Lösung erarbeitet werden, die auf der Weiterentwicklung gemeinsamer Ideale basiert, statt sich auf die Unterschiede zu konzentrieren und einen Kompromiss zu erstreben, der keine Seite wirklich zufrieden stellt.

Umgekehrte Bedeutung

Die umgekehrte Schlange sagt, dass Sie Teile von sich selbst unterdrücken, die nach Ausdruck verlangen. Zwang hat niemals den gewünschten Effekt, wenn es darum geht, eine unerwünschte Gewohnheit oder Sucht loszuwerden. Meist bewirkt er nur das Gegenteil und verstärkt den unterdrückten Trieb, bis es dann irgendwann zu einem unkontrollierten Anfall kommt, der durchaus mit dem plötzlichen Ausbruch eines Vulkanes zu vergleichen ist. Ein integrativer Ansatz konzentriert sich eher darauf, die betreffende Energie in einem positiven Sinne einzusetzen und zu lenken. Integration verleugnet keinen Teil von uns, sondern verbindet die unterschiedlichen Teile und Energien zu einem harmonischen Ganzen. Dieser Ansatz erkennt die multidimensionale Natur unseres wahren Selbst an, denn wir sind vielschichtige, komplexe Wesen, die nie allein durch einen Teil ihrer selbst definiert werden können. Seelische Probleme und unerwünschte Verhaltensweisen können nie erfolgreich unterdrückt werden. Es ist wesentlich, dass man die zugrunde liegenden Energien erst akzeptiert und dann behutsam in das eigene Leben integriert.

35 – STINKTIER

Stichwörter: Unnötiges Risiko, Waghalsigkeit, Arroganz

Der Gott Tezcatlipoca erscheint in vielerlei Tiergestalten, wobei die meisten als Gauner oder Betrüger bekannt sind. Dazu zählen unter anderem der Kojote, der Affe und das Stinktier. Doch im Gegensatz zu den anderen Gaunern gilt das Stinktier weder als listig noch als erfolgreich. In einer der bekannteren Mythen nahm der Jaguar seinen

Schützling, Kleiner Stinker, mit auf die Jagd. Geduldig erklärte er dem kleinen Stinktier, wie es ein geeignetes Versteck finden, seine Krallen schärfen, seine Beute überraschen und töten konnte. Der Jaguar sagte: „Ich mache jetzt ein Nickerchen. Weck mich, wenn ein Tier mit einem mächtigen Geweih vorbeikommt, aber weck mich leise. Wir wollen die Beute ja nicht verscheuchen." Also wartete das Stinktier und hielt Ausschau, während der Jaguar schlief. Bis endlich ein Elch mit einem mächtigen Geweih des Weges kam. Kleiner Stinker kratzte den Jaguar am Bauch, der sofort aufsprang und den Elch überwältigte, indem er seine Krallen in ihn schlug und ihn zu Boden warf. Als Belohnung für seine Hilfe gab der Jaguar dem kleinen Stinktier ein Stück der Beute mit auf den Weg.

Einige Tage vergingen, und Mutter Stinktier sagte zum Kleinen Stinker: „Liebling, das Fleisch ist alle." Ihr Sohn versicherte ihr: „Keine Sorge, Mama, ich werde uns neues Fleisch besorgen. Onkel Jaguar hat mir gezeigt, wie man das macht." Die Mutter erwiderte: „Aber du bist noch zu klein. Hast du keine Angst, dass du dich dabei verletzt?" „Nein", antwortete Kleiner Stinker voller Selbstvertrauen. „Onkel Jaguar hat mir alles gezeigt und ich werde es einfach genauso machen wie er."

Das kleine Stinktier kehrte an den Ort zurück, wo der Jaguar den Elch getötet hatte, schärfte seine Krallen und wartete. Ein paar kleinere Tiere kamen vorbei, aber Kleiner Stinker wartete auf ein Tier mit einem mächtigen Geweih, genauso wie es sein Onkel getan hatte. Bald darauf brach ein kapitaler Hirsch durch das Unterholz. Kleiner Stinker sprang aus seinem Versteck und auf den Hirsch, wobei er seine winzigen Krallen in die Flanke der Beute grub. Aber statt umzufallen, wie dies beim Jaguar der Fall gewesen wäre, lief der Hirsch einfach weiter – mit dem Stinktier auf seinem Rücken. Der Hirsch rannte weiter und weiter, und niemand hat seitdem je wieder vom Kleinen Stinker gehört.

Wenn das Stinktier in Ihrer Auslage erscheint, sind Sie womöglich gerade dabei, sich selbst zu übertölpeln. Ein kalkuliertes Risiko einzugehen ist in Ordnung, aber Risikobereitschaft schlägt leicht in Waghalsigkeit um. Das Stinktier ist hier, um Sie vor den möglichen Folgen Ihrer Leichtfertigkeit zu warnen. Wenn Sie glauben, nichts könne Ihnen etwas anhaben, sind Sie nicht nur leichtfertig, sondern auch arrogant. Das Stinktier lehrt uns, clever, aber nicht leichtsinnig zu sein. Gehen Sie ruhig kalkulierte Risiken ein, wenn es die Situation verlangt, aber werden Sie nicht tollkühn und – vor allem – halten Sie sich nicht für unverwundbar oder gar für unsterblich.

Umgekehrte Bedeutung

Das umgekehrte Stinktier ermutigt Sie, Neuland zu erkunden. Vielleicht sind Sie übervorsichtig und scheuen es grundsätzlich, Risiken einzugehen. Sicherheit und Kontrolle sind aber nur eine Illusion. Wenn Sie glauben, dass Vorsicht Sie vor Gefahren bewahrt, verpassen Sie dadurch zahlreiche Gelegenheiten, die Ihr Leben bereichern würden. Das Ziel besteht darin, Ihre Grenzen zu erkennen und mögliche Risiken entsprechend einzugehen. Ein gutes Beispiel ist die finanzielle Vorsorge: Wenn Sie jegliches Risiko vermeiden wollen, legen Sie Ihr Geld am besten in ein Bankschließfach. Nach zwanzig Jahren wird Ihnen kein Cent Ihres hart ersparten Geldes verloren gegangen sein, anders als den Leuten, die viel Geld am Aktienmarkt verspielt haben. Wenn Sie Ihr Geld jedoch auf ein Sparbuch tun oder es clever und gewinnbringend anlegen, könnten Sie nach zwanzig Jahren über viel mehr verfügen, als Sie ursprünglich eingezahlt haben. Das umgekehrte Stinktier erinnert uns daran, dass kalkulierte Risiken nicht nur zum Leben gehören, sondern es erst wirklich interessant machen.

36 – KRÖTE

Stichwörter: Chaos, Zwietracht, Missverständnis, Streit

Das Meeresungeheuer Tlaltecuhtli ist ein Wassergott, der die Merkmale einer Kröte und eines Alligators in sich vereint. Er spielt eine bedeutende Rolle in der aztekischen Schöpfungsgeschichte und lebte in einer Zeit, als die Erde noch formlos und ganz mit Wasser bedeckt war. Die beiden Götter Tezcatlipoca und Quetzalcoatl fingen das Meeresungeheuer und rissen es entzwei. Aus dem einen Teil formten sie das Land und aus dem anderen den Himmel. Aus dem Chaos wurde Ordnung, und aus der Ordnung wurde das Leben.

Es ist nicht einfach, Frösche und Kröten auseinander zu halten. Sie haben vieles gemeinsam, aber man kann generell sagen, dass die Kröten zur Überordnung der Frösche gehören und sich von den eigentlichen Fröschen durch ein paar typische Merkmale unterscheiden. Kröten haben Giftdrüsen hinter den Augen. Ihre Haut ist meist trocken und warzig, und im Gegensatz zu den Fröschen, deren lange Beine zum Hüpfen dienen, sind die Beine der Kröten kurz und für das Laufen ausgelegt. Im Volksglauben ranken zahlreiche Legenden um das Gift der Kröten. So schreibt Topsell im Jahr 1608 in seiner *Naturgeschichte der Schlangen*: „Der Speichel der Kröten ist so giftig, dass einem Mann die Haare ausfallen, wenn es ihm auf das Haupt tropft. Gegen dieses arge Übel verschrieb *Paracelsus* Pflaster aus Erde, vermischt mit menschlichem Speichel."

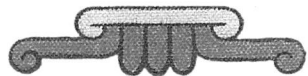

Wenn die Kröte im Spiel ist, regieren Chaos und Verwirrung. Ablenkungen, widersprüchliche Nachrichten, falsche Fährten und viele andere Fallstricke erschweren Ihren Weg aus der Situation hinaus. Aber denken Sie daran, dass auf Chaos stets Ordnung folgt und dass Chaos die Grundvoraussetzung für jede Schöpfung ist. Deshalb finden wir es auch in den Lehren fast aller Kulturen. Die Fähigkeit, sich im Chaos zurechtzufinden und es schließlich zu lichten, kann man erlernen. Und die Kröte ist hier, um Sie in dieser Kunst zu unterweisen. Zunächst müssen Sie jedoch die Notwendigkeit des Chaos verstehen und seine positiven Seiten sehen. Die meisten Menschen besitzen nicht die Fähigkeit, zielstrebig durch chaotische Zeiten zu manövrieren, und verfangen sich in Zwietracht, Streit und unnötigen Diskussionen. Chaos ist eben an und für sich eine verfängliche Angelegenheit. Die Kröte warnt Sie davor, nicht selbst auch noch zu der chaotischen Situation beizutragen. Sorgen Sie lieber für Ordnung und ziehen Sie sich so rasch wie möglich auf sicheren Boden zurück.

Umgekehrte Bedeutung

Die umgekehrte Kröte verheißt, dass es Ihnen gelingen wird, unnötiges Chaos zu vermeiden. Vielleicht werden Sie in eine äußerst instabile Situation geraten, aber Sie werden sich selbst aus dieser herausziehen, bevor ernsthafte Probleme entstehen. In einem Streit bleiben Sie ruhig und machen die Sache nicht noch schlimmer. Missverständnisse werden von Ihnen ausgeräumt und Friede und Ordnung wiederhergestellt. Sie haben das Gift der Kröte, die Zwietracht, mit Hilfe des Gegengiftes der Vernunft, der Ausgeglichenheit und der Geduld wirksam neutralisiert.

37 – TRUTHAHN

Stichwörter: Gaben, Geschenke, Segen

Der Gott Chalchiuhtotolin ist auch als Jadevogel bekannt. In den bekannten Darstellungen wird er oft mit einem Truthahnkopf gezeigt, aus dessen Schnabel Wasser mit Juwelen fließt – das Symbol des Opferbluts. Opfer waren stets ein Geschenk an die Götter und so wurde der Truthahn zum Synonym für Schenken und Geben. Das Vergießen des eigenen

Blutes zum Wohl der anderen galt als edelste aller Taten. Und der Truthahn hat sich im Laufe der Zeit wieder und wieder selbst hingegeben. Es überrascht daher nicht, dass der höchste Gott der Azteken, Tezcatlipoca, oft mit dem Truthahn assoziiert wird.

Eins der wertvollsten Geschenke des Truthahns ist die Gabe, ein ungünstiges Schicksal abzuwenden und Missetaten zu vergeben. Die Azteken glaubten, dass das Schicksal eines Menschen durch den Tag seiner Geburt bestimmt wurde, und manchmal bedeutete dies ein ungünstiges Omen. In solchen Fällen suchte man dann oft die Hilfe von Chalchiuhtotolin, der das widrige Schicksal von dem Neugeborenen abwenden sollte.

Es gibt Hinweise darauf, dass die Paarungszyklen und das bekannte Kollern des Truthahns mit den Mondzyklen gekoppelt sind. Da das Kollern des Hahns dem Anlocken einer Henne dient, ist es auch wenig verwunderlich, dass der häufig mit Fruchtbarkeit und Fortpflanzung assoziierte Mond hierbei eine Rolle spielt. Nach der Paarung sucht die Henne einen geschützten Ort zur Eiablage und etwa einen Monat später schlüpfen die Küken. Nach weiteren sechs Monaten sind die Jungvögel alt genug, um ihre Mutter zu verlassen und eine eigene Gruppe von Puten zu bilden oder sich einer anderen Gruppe anzuschließen. Solche Gruppen sind stets vielen Feinden und Räubern ausgesetzt, einschließlich wilder Hunde, Waschbären und – natürlich – uns Menschen.

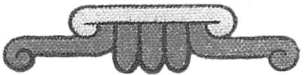

Wenn Sie diese Karte ziehen, bedeutet dies, dass Sie mit einer Gabe gesegnet werden oder Ihnen ein Geschenk zuteil wird. Es ist ein großartiges Omen und der Truthahn verlangt lediglich, dass Sie seine Gabe mit offenen Händen und von ganzem Herzen annehmen, in dem Wissen, dass sein Geschenk frei und bedingungslos gegeben wurde. Die Gabe mag sich als unerwartete Beförderung oder Gehaltserhöhung manifestieren. Vielleicht tut Ihnen gerade dann jemand einen Gefallen, wenn Sie es am nötigsten brauchen. Möglicherweise ist es auch nur eine freundliche Geste. Ein Freund bietet Ihnen zum Beispiel an, auf Ihre Kinder aufzupassen, damit Sie und Ihr Partner einen schönen Abend zusammen verbringen können. Vielleicht gibt Ihnen der Truthahn die Gelegenheit, ein herrenloses Haustier zu retten, das Ihr Leben bereichert. Bedenken Sie in jedem Fall, dass der Truthahn – wenn auch nur im übertragenen Sinne – sein Leben für Sie hingibt, und daher sollten Sie dankbar sein.

Umgekehrte Bedeutung

Der umgekehrte Truthahn ist meist ein wohl gemeinter Hinweis. Vielleicht haben Sie ein Geschenk erhalten und es nicht entsprechend gewürdigt? Haben Sie jemandem etwas versprochen und Ihr Versprechen dann doch nicht eingelöst? Möglicherweise geben Sie auch aus fragwürdigen Motiven. Vielleicht sind Sie gar nicht so selbstlos, wie Sie denken? Der umgekehrte Truthahn rät Ihnen, Ihr Verhalten in Bezug auf Schenken und Geben, Geschenke und Gaben zu prüfen. Geben Sie immer aus freien Stücken, ohne etwas zu erwarten, denn sonst sind Ihre Gaben keine wahren Geschenke.

38 – GEIER

Stichwörter: Reichtum, Wohlstand, Besitz

Im heiligen Kalender der Azteken repräsentiert der Geier Alter und Reichtum. Aufgrund seiner Natur als Aasfresser wird er auch mit der Unterwelt assoziiert. Wohlstand und Reichtum wurden schon immer mit der Unterwelt in Verbindung gebracht, und wenn man bedenkt, welche Schätze unter der Erde verborgen sind, ist das mehr als verständlich.

Diamanten, Erdöl, Gold, Edelsteine und Metalle – all dies schlummert unter der Oberfläche. Daher symbolisiert der Geier zudem die sprichwörtlichen verborgenen Schätze, die man nur entdeckt, wenn man tief genug gräbt. Der Geier nimmt etwas scheinbar wertloses – einen Kadaver – und macht etwas daraus, indem er es zerstückelt und als Kraftstoff für neues Leben der Erde zurückführt. Er lehrt uns, dass wir bereits von Reichtum umgeben sind, der unter der Oberfläche darauf wartet, von uns entdeckt zu werden.

In den meisten Kulturen gilt der Geier als Attribut der Königswürde. Außerdem wird er von den Völkern Afrikas und Amerikas mit Tod und Wiedergeburt in Verbindung gebracht. Die Azteken glaubten, dass Menschen, die am Tag des Geiers geboren wurden, ein langes Leben und Gesundheit bis ins hohe Alter vorherbestimmt waren. Erst vor kurzem hat man anhand von Gen-Analysen herausgefunden, dass die Geier der Neuen Welt im Gegensatz zu den Altwelt-Geiern gar nicht zu den Raubvögeln gehören, sondern zur Familie der Störche. Kraniche und Störche gelten ihrerseits seit jeher als Symbole für die Erfüllung von Träumen und für transzendentale Magie.

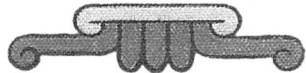

Wenn Sie diese Karte ziehen, sollten Sie sich freuen. Vor Ihnen liegt ein langes, erfülltes Leben. In Bezug auf eine konkrete Frage oder Situation weist sie darauf hin, dass Ihnen der Erfolg so gut wie gewiss ist. Vielleicht ist der Geier aber auch erschienen, um bei Ihnen Hausputz zu machen und Sie von unnützem Müll wie schlechten Gewohnheiten oder dunklen Erinnerungen zu befreien. Dadurch entsteht neuer Raum für Reichtum, Wohlstand und all die Schätze, die Sie sich schon immer erträumt haben. Der Geier steht für die Art von Wohlstand, der durch die Transformation polarer Kräfte errungen wird. Es reicht nicht, eine schlechte Gewohnheit oder negative Einstellung aufzugeben. Die Energie, die Sie zuvor in das negative Verhalten investiert haben, muss nun in etwas Positives und Gesundes transformiert werden. Ohne diese Umwandlung wird Ihnen die alte Gewohnheit weiterhin anhängen, unnötig Platz verbrauchen und sich schnell wieder etablieren, sobald Energie in ihre Richtung gelenkt wird. Der Geier verschlingt all die negativen Anhängsel, während er Ihnen gleichzeitig hilft, verborgene Schätze unter der Oberfläche Ihrer Alltagswelt zu entdecken, sie zu bergen und in Besitz zu nehmen.

Umgekehrte Bedeutung

Wenn der umgekehrte Geier erscheint, bedeutet dies, dass Sie ihn gar nicht um sich haben wollen. Aus welchem Grund auch immer, Sie klammern sich an Ihre alten Gewohnheiten, an Verlust und Armut, und wann immer der Geier erscheint, um die verwesenden Reste davon zu vertilgen, verscheuchen Sie ihn. Wir alle neigen dazu, uns an das Vertraute zu klammern, ganz gleich, ob es gut oder schlecht für uns ist. Wenn Sie den Geier ansehen, konzentrieren Sie sich mehr auf seine weniger anziehenden Merkmale und sind von seiner Erscheinung und Ernährungsweise angewidert. Sie assoziieren mit ihm nur den Tod und verwesende Kadaver. Indem Sie den Geier ablehnen, verleugnen Sie auch Ihre eigene transformative Kraft – die Fähigkeit, Kehraus zu machen und Wohlstand und Reichtum in Ihr Leben zu lassen.

39 – WOLF

Stichwörter: Meisterschaft, Familie, Gruppenzugehörigkeit

Die Priester des Kriegsgottes Huitzilopochtli wurden oft „Wölfe" genannt, und das weniger aufgrund ihrer kriegerischen Einstellung als vielmehr wegen ihrer Tätigkeit als Lehrer in den Tempeln. Die Azteken betrachteten den Wolf als meisterhaften Lehrer, weil er nicht nur ein hervorragendes Beispiel für die erfolgreiche Jagd lieferte, sondern auch den hohen Wert des Zusammenhalts innerhalb der Familie und der Gruppe symbolisierte.

Es ist ein weitverbreiteter Glaube, dass die frühen Menschen die Jagd durch die Beobachtung von Tieren lernten. Und in diesem Zusammenhang spielt der Wolf eine besondere Rolle, weil er ein meisterhafter Jäger ist. Sein Geruchssinn ist unübertroffen und er kann stundenlang laufen, ohne müde zu werden. Sein Gebiss ist stark genug, um die Knochen eines Karibus zu zermalmen. Doch die wohl wichtigste Eigenschaft ist seine Fähigkeit, im Rudel zu jagen. Auch wenn Wölfe meist kleiner als ihre Beute sind, können sie durch die Zusammenarbeit im Rudel Tiere erlegen, die um ein Vielfaches größer sind als sie selbst. Ihr Teamgeist sorgt dafür, dass jeder genug zu fressen bekommt.

Die Welpen werden vom ganzen Rudel großgezogen und sowohl Männchen als auch Weibchen kümmern sich um den Nachwuchs. Auf spielerische Weise lernen die Jungen die Jagd und das Sozialverhalten innerhalb der Gruppe. Es überrascht daher auch nicht, dass ein einsamer Wolf eine weitaus geringere Lebenserwartung hat als Angehörige eines Rudels.

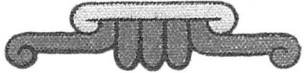

Wenn der Wolf unter Ihren Karten erscheint, will er Ihnen zeigen, wie Sie die betreffende Angelegenheit meistern können. Es ist nicht so, dass Sie in dieser Hinsicht selbst kein Talent hätten, aber Ihr Talent ist vergraben und Ihnen selbst bislang unbekannt. Denken Sie stets daran, dass es Sinn und Zweck einer jeden Herausforderung ist, Teile Ihres Selbst zu entdecken, die Sie zuvor nie genutzt haben. Der Wolf lehrt uns, alles zu nutzen, was uns zur Verfügung steht, all unsere Gaben. Auch wenn wir nicht über die geschärften Sinne unserer vierbeinigen Freunde verfügen, haben wir doch Ressourcen, sowohl in uns als auch außerhalb. Finden Sie heraus, wer Ihren Pfad vor Ihnen beschritten hat, und lernen Sie aus seinen Erfahrungen. Wer sind Ihre Freunde und Verbündeten, die Sie um Rat und Hilfe bitten könnten?

Jeder braucht das Gefühl der Zugehörigkeit und wir alle sehnen uns nach einem emotionalen Zuhause und einem sicheren Hafen. Der Wolf mag Sie dazu anleiten, die Gruppen und Verbände, denen Sie angehören und mit denen Sie sich identifizieren, einmal näher zu untersuchen. Sind Ihre Bindungen zu diesen Gruppen noch intakt und von gegenseitigem Nutzen? Oder sind sie für den Menschen, der Sie heute sind, gar nicht mehr von Bedeutung? Wenn man sich von einer Gruppe oder der Familie entfremdet, fühlt man sich oft einsam und allein auf der Welt. Das muss nicht sein. Blutsbande sind nicht das Einzige, was Menschen verbindet. Vielleicht ist es für Sie an der Zeit, einer neuen Gruppe oder Organisation beizutreten, neue Freunde zu finden und Ihre eigene Familie zu gründen. Eine Familie oder ein Verband, dessen Mitglieder dieselben Ansichten teilen, für dieselben Ziele kämpfen und sich gegenseitig unterstützen.

Umgekehrte Bedeutung

Sie haben sich dafür entschieden, das Rudel zu verlassen und ein einsamer Wolf zu sein. Wölfe jagen und leben jedoch nicht ohne Grund im Rudel. Ein einzelner Wolf kann kein Karibu reißen. Ein einzelner Wolf kann sich nicht fortpflanzen und auch keine Jungen großziehen. Es braucht den Verband, um all dies zu tun. Als einsamer Wolf haben Sie sich von vielerlei Möglichkeiten ausgeklammert. Sie haben sogar Ihre Lebenserwartung verkürzt. Sie haben sich eben von jenen Ressourcen abgeschnitten, die nötig sind, ein erfülltes Leben zu führen – und vielleicht haben Sie auch die Gefühle anderer Rudelmitglieder verletzt, die auf Sie gezählt hatten. Ein Wolf lebt außerhalb des Rudels meist nicht allzu lange. Denken Sie einmal darüber nach und versuchen Sie, andere an Ihrem Leben teilhaben zu lassen, bevor es zu spät ist.

DAS ORAKEL

Ein Orakel kann ein Berater, Lehrer oder guter Freund sein, der Ihnen in allen Lebenslagen zur Seite steht. Manche Orakel basieren auf Meditation, andere verwenden ein Pendel, Tarot-Karten, Runen, die Schafgarbenstängel des I-Ging oder die Anordnung der Planeten als Instrumente der Weissagung. Die meisten Orakel bestehen heute aus einem Satz von Symbolen, die erst gemischt, in bestimmten Mustern ausgelegt und dann als zusammenhängende Botschaft gedeutet werden.

Nach langjähriger Erfahrung mit Tarot und Astrologie, zahlreichen Seminaren und Workshops haben wir uns entschieden, dieses Orakel zusammenzustellen. Dazu haben wir seit 1993 alle verfügbaren Informationen aus der aztekischen Tradition und anderen Kulturen zusammengetragen, die sich auf Tier-Symbolik und Totemismus beziehen. In den folgenden Jahren hat sich *Das Tier-Orakel der Azteken* in zahlreichen Befragungen stets als zuverlässig und sehr präzise erwiesen, wenn es darum ging, das Problem des Fragestellers zu erfassen und ihm eine treffende und praktisch verwertbare Antwort zu geben. Für uns ist es nicht nur ein sehr gutes Hilfsmittel, sondern auch ein hervorragendes Beispiel für den authentischen Ansatz einer alten Kultur, mit der Natur zu leben und von ihr zu lernen.

Dieses Kapitel gibt Ihnen die Mittel an die Hand, um selbst mit dem Orakel zu arbeiten und es effektiv zu nutzen. *Das Tier-Orakel der Azteken* ist nicht nur dazu geschaffen worden, es dem Leser zu erlauben, sein eigenes Nahualli herauszufinden. Seine 40 Karten können innerhalb des Orakels als Stimme des persönlichen Kraft-Tieres dienen. Die verschiedenen Legemuster bieten eine Vielzahl von Möglichkeiten, neue Informationen und Antworten auf die eigenen Fragen zu erhalten. Und die folgenden Reinigungs- und Meditations-Übungen werden Ihnen dabei helfen, Körper und Geist auf die Botschaften Ihres Nahualli einzustimmen.

DIE KARTEN WEIHEN UND REINIGEN

Behandeln Sie die Karten stets mir Respekt und sie werden Ihnen ein Leben lang hervorragende Dienste leisten. Wenn Sie sie richtig verwenden und sorgsam aufbewahren, werden sie Ihnen eine nie versiegende Quelle der Inspiration und Information sein. Sie sollten die Karten zunächst aus der Originalverpackung nehmen und sie mit Salbei und Kopal räuchern. Sie können auch Sandelholz, Lavendel oder Pinie verwenden oder irgendein anderes Räucherwerk, das Ihnen zusagt. Wenn Sie die Kräuter oder das Räucherwerk entzündet haben, bewegen Sie jede einzelne Karte zweimal durch den Rauch, einmal mit der Vorderseite und einmal mit der Rückseite nach unten. Wenn Sie damit fertig sind, wickeln Sie die Karten in ein Stück Tuch aus Naturfaser (Seide, Baumwolle). Legen Sie die eingewickelten Karten in eine Kiste aus natürlichem Material (Holz, Metall, Leder) und verwenden Sie sie ausschließlich zur Weissagung oder Meditation.

SICH SELBST REINIGEN UND ZENTRIEREN

Dies ist eine tolle Übung, die von unserer Freundin Shari Love ersonnen wurde, der Frau unseres Illustrators Raphael Montoliu. Shari hat mehr als 20 Jahre Erfahrung im Kartenlegen und weiß, worauf es ankommt. Sie können die Übung vor jeder Auslage machen, um sich auf die Fragestellung vorzubereiten, oder auch hinterher, um sich auf die Deutung der Antwort zu konzentrieren. Sie hilft Ihnen, sich zu entspannen, und wird es Ihnen ermöglichen, präzisere Fragen zu stellen und sich für die Antworten des Orakels zu öffnen.

Beginnen Sie, indem Sie Hände und Füße schütteln, bis sie locker und entspannt sind. Das löst alle Blockaden und erlaubt es der Energie, wieder frei durch Ihren Körper zu fließen.

Setzen Sie sich auf einen Stuhl vor den Orakel-Tisch, stellen Sie die Füße flach auf den Boden, legen Sie Ihre Hände mit den Handflächen nach oben auf den Tisch und schließen Sie Ihre Augen. Atmen Sie tief und lassen Sie alle Anspannung aus Ihrem Körper in den Boden hinabfließen. Beginnen Sie, tief durch die Nase einzuatmen und durch den Mund auszuatmen.

Während Sie entspannt weiteratmen, stellen Sie sich Ihren „Erdstern" vor, etwas, das sich einige Zentimeter unter Ihren Füßen befindet und glüht. Sehen Sie in sein strahlend klares, blaues Licht (er kann bei Ihnen auch eine andere Farbe haben), und spüren Sie Ihre Verbindung, während der Erdstern sich ausdehnt und vor Kraft und Leben pulsiert. Stellen Sie sich nun einen Sternenhimmel vor, erfüllt von Sinn, Möglichkeit und universeller Energie, der sich über Ihrem Kopf öffnet. Spüren Sie seine Kraft und ziehen Sie seine Energie mit jedem Atemzug zu sich herab. Fühlen Sie, wie die Energie durch Ihren Kopf in den Körper eintritt und alle Ihre Energiezentren füllt. Atmen Sie die Energie bis in Ihre Füße und in den Erdstern hinein und spüren Sie, wie sich die beiden Energien vermischen.

Stellen Sie sich jetzt den geschmolzenen Erdkern vor, der tief unter Ihnen in goldenem Licht schimmert und pulsiert. Mit jedem Atemzug ziehen Sie seine Energie zu sich herauf, bis in Ihren Erdstern, wo sich das Licht mit den anderen Energien vermischt. Atmen Sie die Energie weiter in Ihren Körper herauf und füllen Sie Ihre Energiezentren mit den drei Energien – der Energie Ihres eigenen Erdsterns, der universellen Energie des Himmels und der Kraft des Erdinneren, die nun in Ihnen sind und einen zyklischen Strom unendlicher Kraft erzeugen. Entspannen Sie sich und genießen Sie die neue Erfahrung. Atmen Sie ruhig weiter und bitten Sie darum, dass alle Blockaden gelöst und entfernt werden.

Stellen Sie sich zum Schluss vor Ihrem inneren Auge nichts vor, nur eine offene, unendliche Leere. Wenn Sie irgendetwas ablenkt, ist das in Ordnung – sträuben Sie sich nicht dagegen. Atmen Sie ruhig weiter und klären Sie Ihre Gedanken, bis Sie endlich losgelassen haben. Öffnen Sie nun Ihre Augen und bedanken Sie sich. Jetzt sind Sie bereit für die Befragung der Karten.

Eine Reise zu den alten Göttern

Die folgende geführte Meditation können Sie immer dann durchführen, wenn Sie zusätzliche Informationen von Ihrem Kraft-Tier oder den

Herren der Nacht erhalten möchten. Bitte beachten Sie, dass die Übung nur dann wirkt, wenn Sie zuvor die oben beschriebene Übung zur Reinigung und Konzentration gemacht haben.

Stellen Sie sich vor, Sie ständen mitten in einem tropischen Dschungel. Es ist Nacht und Sie sehen, wie der Mond durch die Baumkronen scheint. Die warme Luft ist vom Duft tropischer Blüten und dem Geruch frisch gefallenen Regens erfüllt. In der Ferne hören Sie Wasser rauschen. Sie sehen hinab auf Ihre Füße und erkennen, dass Sie sich auf einem schmalen Pfad befinden. Sie folgen dem Pfad in Richtung des Wassers. Auf Ihrem Weg, der Sie über schroffe Felsen und gewaltige Baumwurzeln führt, lauschen Sie den Gesängen und Lauten der Tiere der Nacht. Und als Sie sich dem Wasser nähern, treten Sie auf einmal hinaus auf eine Lichtung.

Vor Ihnen liegt die Ruine einer uralten Pyramide. Im fahlen Mondlicht erkennen Sie, dass die Pyramide von rankenden Pflanzen überwuchert ist und dass Wasser ihre Stufen hinabrinnt und sich unten in einem natürlichen Becken sammelt. Sie beugen sich über das Becken und spritzen etwas Wasser in Ihr Gesicht, um sich zu erfrischen. Gleichzeitig vernehmen Sie den Klang von entfernten Trommeln und Stimmen. Sie blicken die Pyramide hinauf und sehen ein sanftes Licht von oben herabschimmern – der Widerschein eines Lagerfeuers? Sie erklimmen die 40 Stufen, während die Trommeln und Gesänge immer lauter werden.

Während Sie die oberste Stufe ersteigen, erblicken Sie ein paar Gestalten, die auf Matten um ein Feuer hocken. Sie riechen den Geruch von Salbei und Kopal, der vom Feuer aufsteigt, als eine der Gestalten Ihnen ein Zeichen gibt und Sie einlädt, sich zu ihnen zu setzen. Sie setzen sich und schauen in die Gesichter der uralten Götter. Dann danken Sie ihnen für die große Ehre, von ihnen eingeladen worden zu sein. Nun ist es an der Zeit, die Götter um einen Wegführer zu bitten, einen Beschützer, der in Zukunft auf Sie aufpassen und Sie bei all Ihren Weissagungen unterstützen wird, wann immer und solange Sie *Das Tier-Orakel der Azteken* nutzen.

Einer der Götter drängt Sie, in das Feuer zu sehen, während er gleichzeitig mehr Salbei und Kopal hineinwirft. Ein anderer Gott reicht Ihnen ein Gefäß mit *Octli*, einem heiligen Trank der Azteken. Sie nehmen einen kräftigen Schluck von dem berauschenden Saft und sogleich verändern sich die Farben der Flammen. Das Herz des Feuers erstrahlt in einem tiefen Violett, als die Flammen sich plötzlich teilen und das Nahualli, das sich bereit erklärt hat, Ihr neuer Beschützer zu sein, hervortritt (dabei kann es sich sowohl um Ihr Geburts-Nahualli als auch um ein anderes Tier handeln). Noch einmal danken Sie den alten Göttern und Ihrem neuen Beschützer und bitten sie, Sie mit ihrer Weisheit zu segnen. Dann wird die Szene auf einmal ganz verschwommen und löst sich auf. Sie sind von Ihrer Reise zurückgekehrt und befinden sich nun in einem Zustand der Konzentration und Klarheit. Sie sind jetzt bereit, die Karten erneut zu befragen.

DIE RICHTIGE FRAGESTELLUNG

Das wichtigste bei jeder Befragung des Orakels ist die richtige Fragestellung. Schlecht formulierte Fragen gehören zu den verbreitetsten Fehlern im Umgang mit Orakeln. Es ist gewöhnlich das Beste, die Frage erst einmal, so wie sie ist, aufzuschreiben. Lesen Sie sie durch und denken Sie darüber nach, wie Sie sie präzisieren können. Stellen Sie nur eine einzige Frage und versuchen Sie bei der Fragestellung so klar wie möglich zu sein. Wenn Ihre ursprüngliche Frage zum Beispiel lautet: „Werde ich diesen Job bekommen und wird er mich glücklich machen?", so sind das schon mal zwei Fragen auf einmal. Stellen Sie immer nur eine einzige Frage. Als nächstes sollten Sie die Frage so umformulieren, dass sich die möglichen Antworten nicht auf „Ja" oder „Nein" beschränken. Die meisten Dinge sind weitaus komplizierter und können so nicht beantwortet werden. Es gibt zu viele unbekannte Faktoren, die entscheidend sein können. Stattdessen sollten Sie die Frage neu formulieren: „Was kann ich tun, um den Job zu bekommen?" oder „Wie wird sich der Job auf mein Leben auswirken?"

Nun, da Sie eine einzige, präzise formulierte Frage haben, können Sie einen Schritt weiter gehen und die Karten mischen. Das Mischen reinigt die Karten von den Energien der letzten Befragung und macht sie bereit für eine neue Frage. Es gibt keine vorgeschriebene Art des Mischens. Mischen Sie einfach so lange, bis Sie spüren, dass Ihre Frage von den Karten aufgenommen worden ist. Legen Sie die Karten dann in einem Stapel auf den Tisch oder breiten Sie sie fächerförmig aus. Beide Methoden erfüllen ihren Zweck.

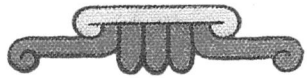

LEGEMUSTER

Wir raten Ihnen, zunächst mit den einfacheren Legemustern („Der Rauchende Spiegel" und „Die Drei Grazien") zu üben, bevor Sie sich an die komplexeren („Der Ballspielplatz", „Die Fünf Himmelsrichtungen" und „Die Pyramide") heranwagen. Zur Beschreibung der Legemuster haben wir Deutungsbeispiele hinzugefügt, wobei die Namen der betreffenden Personen zum Schutz ihrer Privatsphäre geändert wurden.

DER RAUCHENDE SPIEGEL

Der Rauchende Spiegel war eine polierte Obsidianscheibe, die Tezcatlipoca an einer Kette um den Hals trug und zu Weissagungszwecken nutzte. Mithilfe dieses Instruments führte er die Azteken auf ihrer Wanderung vom Norden bis an die Gestade des Tezcoco-Sees, wo sie Tenochtitlán gründeten. Tezcatlipoca hatte ihnen vorausgesagt, dass sie hier fruchtbares Land finden und von dort aus ein gewaltiges Reich erobern würden. Das gleichnamige Legemuster besteht aus nur einer einzigen Karte und repräsentiert Tezcatlipocas mächtigen Spiegel.

Diese einfache Methode eignet sich hervorragend für die tägliche Befragung des Orakels oder auch für kurze Fragen in Bezug auf etwas, das uns gerade beschäftigt. Formulieren Sie Ihre Frage, mischen Sie die Karten, während Sie sich auf die Frage konzentrieren, und legen Sie die verdeckten Karten in Form eines Fächers vor sich aus. Dann ziehen Sie eine Karte und nehmen das Buch zur Hand, um die Antwort zu deuten.

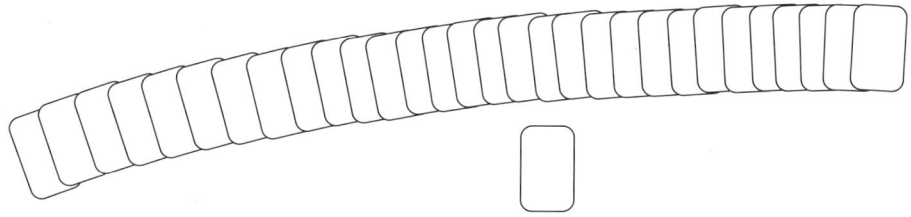

BESTIMMEN SIE IHR NAHUALLI MIT HILFE DES RAUCHENDEN SPIEGELS

Sie können dieses Legemuster auch zur Bestimmung Ihres Nahualli verwenden.

1. Schritt: Entfernen Sie die neun Karten der Herren der Nacht aus dem Set und mischen Sie die übrigen 31 Karten. Konzentrieren Sie sich dabei auf die Frage: „Welches Tier ist mein Nahualli?" Fahren Sie mit dem Mischen fort, bis die Karten die Frage ganz in sich aufgenommen haben. Dann legen Sie den Stapel auf den Tisch, heben zweimal ab und legen die Karten wieder zusammen.

2. Schritt: Breiten Sie die verdeckten Karten fächerförmig vor sich aus. Reiben Sie Ihre Handflächen kurz aneinander, um deren Sensibilität zu stimulieren. Fahren Sie dann langsam mit einer Hand knapp über die Karten hinweg und konzentrieren Sie sich auf die Energie, die von ihnen ausströmt. Sie suchen nach einem Hot-Spot, nach einer Karte, die wärmer scheint als die anderen. Wenn Sie sie gefunden haben, ziehen Sie sie heraus und drehen Sie um.

Es gibt zahlreiche Methoden sich zu vergewissern, ob das Tier auf dieser Karte tatsächlich Ihr Nahualli ist. So spürt man oft gleich eine Resonanz und erkennt, dass die mit dem Tier assoziierten Energien und Eigenschaften wesentliche Bestandteile des eigenen Charakters repräsentieren. Oder man spürt, dass es die Eigenschaften verkörpert, die man entwickeln muss, um auf dem eigenen Weg voranzukommen. Oft hat man sich auch schon immer zu dem betreffenden Tier hingezogen gefühlt oder man findet es einfach sympathisch.

Es kann aber genauso gut sein, dass Sie überrascht sind und sich erst nach und nach mit der Identität Ihres Nahualli anfreunden können. Früher oder später wird es sich Ihnen offenbaren, vielleicht sogar in körperlicher Form oder in Gestalt eines Zeichens. Einer unserer Seminarteilnehmer stand einmal in einer Bank Schlange und wartete auf einen freien Schalter. Als dann endlich einer der sechs Schalter frei wurde, war er mehr als überrascht, als er sah, dass gerade hier ein Photo eben jenes Tieres hing, das er am Vortag als sein Nahualli gezogen hatte.

DIE DREI GRAZIEN

Die drei Grazien des aztekischen Mythos sind die drei Schwestern Sieben-Rock, Jade-Rock und die Herrin des Salzes. Jede von ihnen verkörpert etwas, ohne das wir nicht leben können. Sieben-Rock ist eine Korngöttin und Jade-Rock eine Wassergöttin. Und bei der dritten spricht der Name für sich. Korn, Wasser und Salz sind alles, was man zum Leben braucht. Und so besteht dieses Legemuster aus nur drei Karten.

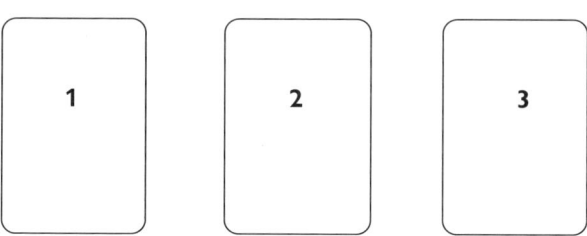

Es gibt verschiedene Deutungsvarianten innerhalb dieses Legemusters:

Vergangenheit, Gegenwart und Zukunft: Karte 1 steht für den Ursprung, Karte 2 für die derzeitige Lage und Karte 3 für die wahrscheinliche Zukunft.

Pro und Kontra: Karte 1 steht für das eigentliche Thema; Karte 2 zeigt, was in der betreffenden Situation förderlich ist, und Karte 3 zeigt, was hemmend wirkt.

Einen Satz bilden: Die drei Karten werden mit Hilfe der Stichwörter zu den einzelnen Karten in einen Satz umgeformt, der die Frage beantwortet.

Deutungsbeispiel

Judy ist eine junge Frau, der bislang nicht viel Glück in Hinblick auf dauerhafte Partnerschaften vergönnt war. Interessanterweise ist ihr Nahualli der Hirsch, ein Tier, das für Hingabe und Selbstaufopferung steht, zwei

Dinge, mit denen Judy immer wieder Probleme hat. Diesmal hatte Judy einen jungen Jura-Studenten kennen gelernt und wollte vom Orakel wissen, ob er „der Richtige" sei. Wir entschieden uns für das Legemuster der Drei Grazien und zogen die Wachtel, den Leguan und die Fledermaus. Dann deuteten wir die Antwort entsprechend den drei Varianten.

Vergangenheit, Gegenwart und Zukunft

Die Wachtel auf Platz 1 spricht von einer alten Verletzung, die geheilt werden will – vielleicht eine zerbrochene Beziehung oder eine traumatische Erfahrung. Der Leguan auf Platz 2 betont, dass Judy sich selbst respektieren muss, um Glück in der Liebe zu finden. Sie sollte ruhig wählerisch sein, wohl wissend, dass sie eine großartige Partnerschaft verdient, und sie sollte sich nicht leichtfertig hingeben, nur um einen Partner zu finden. Vor allem aber sollte sie sich selbst treu bleiben und sich nicht von Torschlusspanik leiten lassen. Die Fledermaus auf Platz 3 verspricht einen guten Ausgang und verheißt Fruchtbarkeit und Freude. Ein gutes Omen für das junge Paar.

Pro und Kontra

Karte 1, die Wachtel, steht für das Kernthema – die Heilung eines gebrochenen Herzens. Karte 2, der Leguan, verkörpert all das, was hierbei helfen kann. Judy sollte sich selbst treu bleiben und ihre Ansichten nicht für eine Beziehung aufs Spiel setzen. Dies sind die besten Voraussetzungen für eine dauerhafte Heilung. Karte 3, die Fledermaus, steht für all das, was die Heilung verzögert. Freude in einer negativen Position ist bloß gespielte Freude, die Wunschvorstellung von einer perfekten Beziehung – etwas, das neue Enttäuschungen vorprogrammiert. Kurz: Um die alten Wunden zu heilen, sollte Judy sich selbst treu bleiben und auf keinen Fall vorgeben, glücklich zu sein, wenn sie es gar nicht ist.

Einen Satz bilden

Diese Art von Interpretation ist äußerst vielseitig, da man aus den Stichwörtern zu den jeweiligen drei Karten zahlreiche Sätze formen kann. Folgen Sie stets der ersten Eingebung oder halten Sie sich an die einfachste Möglichkeit. Versuchen Sie auf keinen Fall, Sätze nach Ihren Wünschen zu konstruieren oder sie in Ihrem Sinne zu manipulieren. Aufrichtigkeit ist die wichtigste Voraussetzung bei diesem Deutungsansatz. Im Fall von Judy ergab sich folgender Satz:

> Du wirst Heilung (Wachtel) finden, wenn die neue Beziehung auf Integrität (Leguan) und Freude (Fledermaus) gegründet ist.

DER BALLSPIELPLATZ

Der *Tlacho* oder Ballspielplatz spielte eine zentrale Rolle in der aztekischen Kultur. Das Ballspiel war ein heiliger Ritus und eine weitere Form, den Göttern zu opfern. Der Ballspielplatz hatte vier Wände oder Felder, und in der Mitte befand sich ein steinerner Ring, durch den der Ball geschlagen werden musste. Zwei Götter herrschten über das Spiel: der Herr des Balles und der Herr des Platzes. Teams von je einem bis zu sechs Spielern traten gegeneinander an und der Kapitän des unterlegenen Teams wurde am Ende geköpft und den Göttern geopfert.

Natürlich war das Ballspiel in die Kosmologie der Azteken eingebettet. Der Tlacho war in die Erde eingelassen und repräsentierte die Unterwelt, während der Ball für die Sonne stand. Das Ballspiel symbolisierte also die Reise der Sonne durch die Nacht und die Schrecken der Unterwelt, wobei ein Team für den erfolgreichen Wiederaufstieg der Sonne kämpfte, während das andere Team versuchte, dies zu verhindern.

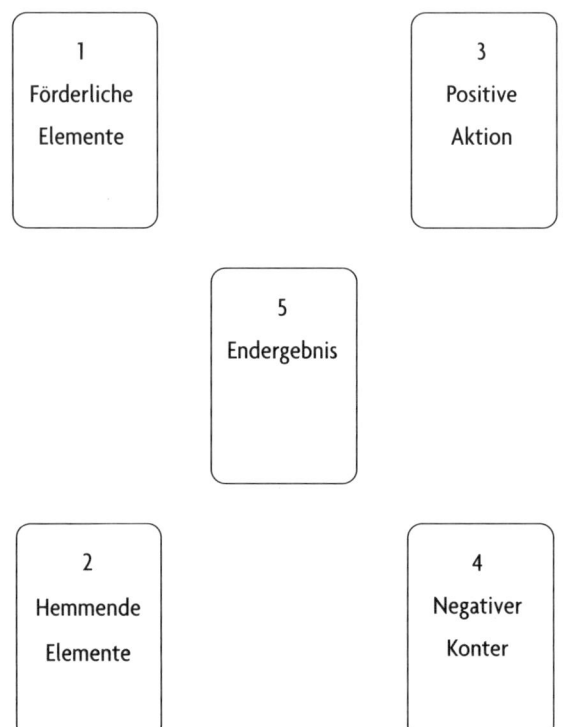

Die Abbildung zeigt die einzelnen Plätze in diesem Legemuster. Nach dem Mischen werden die obersten fünf Karten wie folgt verteilt:

Platz	Bedeutung
1 Das Sonnen-Team	Elemente, die der Sache förderlich sind
2 Das Unterwelt-Team	Hemmende Elemente und Hindernisse
3 Der Herr des Balles	Eine unmittelbare Aktion, die die Sache voranbringt
4 Der Herr des Platzes	Ein negativer oder hemmender Konter
5 Der zentrale Steinring	Das Endergebnis, der Ausgang der Situation

Deutungsbeispiel

Karen arbeitet schon seit mehreren Jahren in zwei Jobs. Am Tag pflegt sie die Datenbanken einer Hypothekenbank. Ihre Abende und Wochenenden widmet sie ihrem Traumjob, der Schöpfung von Keramikkunst, die sie auf Tauschbörsen und Kunsthandwerkermärkten verkauft. Ihre künstlerische Neigung entspricht ihrem Nahualli, dem Schmetterling, und sie hofft natürlich, dass sie ihren doch sehr unbefriedigenden Tagesjob bald ganz an den Nagel hängen kann.

Ihre Frage lautete: „Soll ich meinen Tagesjob kündigen und mich ganz auf das Kunsthandwerk konzentrieren?" Wir wählten den Ballspielplatz als Legemuster für das Orakel und erhielten folgende Antwort:

Platz 1: Rabe
Platz 2: Tlaloc
Platz 3: Roter Ara
Platz 4: Stinktier
Platz 5: Dachs

Interpretation: Der Rabe auf Platz 1 sagt uns, dass die Macht der Illusion Karen unterstützt. Sie hat die Gabe, anderen das Bild zu vermitteln, sie sei eine wahre Künstlerin, aber so etwas grenzt schon an schwarze Magie und es ist fraglich, ob es eine gute Grundlage für eine neue Karriere ist. Die zweite Karte, Tlaloc, steht für Wachstum. Weil er hier aber auf Platz 2 erscheint, repräsentiert er die Kräfte, die gegen Karen arbeiten, und spricht von mangelndem Wachstum und von einer schlechten ökonomischen Lage. Er verspricht keine wachsenden Kundenzahlen und Verkäufe, sondern wachsende Schulden. Der Rote Ara auf Platz 3 steht für Wiedergeburt und Neuanfang, und im Sinne einer Aktion, die Erfolg verspricht, ist er ein gutes Zeichen für Karen, auch wenn das Spiel bislang nicht gut für sie steht. Der Rote Ara sagt ihr, sie soll ihre Hoffnung nicht aufgeben. Die vierte Karte, das Stinktier, erscheint auf der Konter-Position und steht für leichtsinnige Risiken. Es rät Karen, nicht allzu waghalsig zu sein und leichtfertig ihre einzig verlässliche Einnahmequelle aufs Spiel zu setzen. Und auf Platz 5 finden wir schließlich den Dachs, die Personifikation des Schattens als Endergebnis.

Schon der Rabe auf Platz 1 legte nahe, dass Karen es hier mit dunklen Energien zu tun hat, was durch den Dachs auf Platz 5 noch einmal unterstrichen wird. Als ein Symbol für Verdrängung und Selbstverleugnung verkündet er, dass Karens Kunstkarriere noch so lange auf sich warten lassen wird, bis sie der Wahrheit ins Auge blickt und sich von den Illusionen befreit, die schon vom Raben auf Platz 1 angedeutet wurden. Das Ego ist häufig die Quelle der dunklen Energien, von denen wir oben sprachen. Es repräsentiert all die persönlichen Niederlagen, die wir zu verstecken suchen, und die Maske, die wir tragen, damit niemand unser wahres Gesicht erkennt. Karen erkannte mithilfe des Orakels, dass sie sich selbst in Wirklichkeit gar nicht für die Künstlerin hält, die sie gern sein möchte, und dass sie in ihrem Innersten weiß, dass sie nicht bereit ist, so viel von sich selbst zu geben, wie dazu nötig wäre. Die Kunst verlangt oft Opfer, und Geben ist ein wesentlicher Bestandteil eines jeden kreativen Akts. Karen erkannte, dass sie nicht bereit war, Opfer zu bringen, und gab ihren Plan vorerst auf.

DIE FÜNF HIMMELSRICHTUNGEN

Alles im Leben der Azteken war an ihrem heiligen Kalender ausgerichtet, einem mathematischen und mantischen Wunderwerk, das von den Priestern genutzt wurde, um das Schicksal des Volkes, des Königs und seiner Berater vorherzusehen. Das Legemuster „Die Fünf Himmelsrichtungen" basiert auf der legendären Windrose, dem Kernstück des aztekischen Kalenderrads. In diesem war jede Himmelsrichtung einem bestimmten Gott zugeordnet.

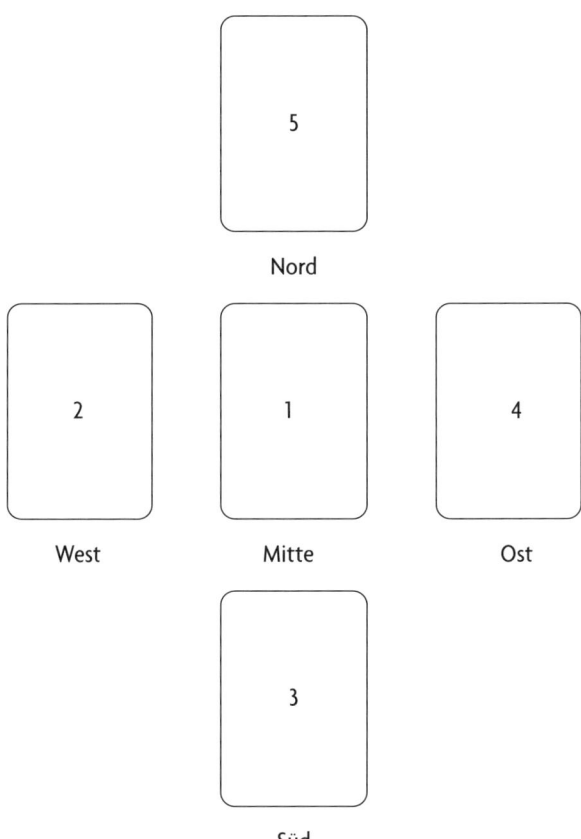

Die einzelnen Plätze in diesem Legemuster werden mit den folgenden Göttern und Bedeutungen assoziiert:

Platz	Bedeutung
1 Mitte – Xiuhtecuhtli	Das Herz der Flamme; der Kern der Sache
2 Westen – Quetzalcoatl	Der wispernde Wind; Kommunikation, Botschaft
3 Süden – Huitzilopochtli	Die Trommeln des Krieges; anstehende Aktionen
4 Osten – Tlaloc	Der Bergregen; involvierte Emotionen
5 Norden – Tezcatlipoca	Die Sonne der Nacht; was sich manifestieren wird

Deutungsbeispiel

Unser Freund Shawn bat uns, die Karten für ihn zu legen, um mehr über seine gestörte Beziehung zu seiner Freundin Nicole zu erfahren. Er wollte wissen, wie es um ihre Beziehung steht.

Die Frage lautete: „Wie sieht die Zukunft von Shawns Beziehung zu Nicole aus?" Wir wählten die Fünf Himmelsrichtungen als Legemuster und erhielten folgende Antwort:

> Platz 1: Rabe
> Platz 2: Stinktier
> Platz 3: Alligator
> Platz 4: Klapperschlange
> Platz 5: Kröte

Interpretation: Der Rabe im Kern der Sache bedeutet, dass die Beziehung auf Illusionen gegründet ist. Das heißt, dass einer der beiden nicht ehrlich ist und den anderen über seine wahren Absichten täuscht. Das Stinktier auf Platz 2 spricht dafür, dass die Kommunikation zwischen den beiden bestenfalls naiv, wenn nicht gar böswillig-missverständlich abläuft. Vielleicht haben sie sich gegenseitig das Blaue vom Himmel versprochen, was natürlich am Ende keiner von ihnen erfüllen konnte. Shawn gab zu, dass er Nicole versprochen hatte, ein Haus mit ihr zu kaufen, sobald sie aus ihrer sehr chaotischen Wohngemeinschaft ausgezogen sei, aber er war sich dabei gar nicht sicher, ob er sich ein eigenes Haus überhaupt leisten konnte. Alligator auf Platz 3 sagt, dass die beiden schon vorher dieselbe Erfahrung gemacht haben, nicht nur mit anderen Menschen in diesem Leben, sondern auch miteinander in vergangenen Leben. Im Horoskop der beiden ist ebenfalls zu erkennen, dass sie karmisch stark belastet sind, und Shawn gab später zu, dass er Frauen häufig großspurige Versprechungen macht, um „Beziehungen schneller voranzubringen". Der Alligator auf dem Platz des Krieges und der Aktion machte schon klar, dass die Beziehung keine Zukunft hatte, aber es sollte noch dicker kommen. Die Klapperschlange auf Platz 4 sagt, dass die Emotionen beider Partner aufgewühlt und von Furcht, Wut, Aggression und Zerstörungsdrang getrieben sind. Nicoles Schwester hatte sich bereits von Nicole abgewandt, und auch ihre Mitbewohner waren nicht gut auf sie zu sprechen, weil sie all ihre Pflichten vernachlässigte und sich nur um Shawn kümmerte. Die Kröte auf Platz 5 spricht davon, was sich wahrscheinlich für Shawn und Nicole manifestieren wird – Chaos, Zwietracht und Streit. Offensichtlich steuerte ihre Partnerschaft einem schnellen und heftigen Ende entgegen.

Aufgrund all der negativen Karten war dies eine schwierige Sitzung. Man darf sich aber auch von so negativen Aussichten nicht beirren lassen. Die Zukunft ist keineswegs vorherbestimmt und das Orakel gibt lediglich eine wahrscheinliche Zukunft vor, die eintritt, wenn wir nichts ändern. Andere Entscheidungen ziehen andere Handlungen und eine veränderte Zukunft nach sich. In diesem Fall hat das Orakel dann wirklich seine Aufgabe erfüllt.

DIE PYRAMIDE

Dieses Legemuster ist nach den großartigen Pyramiden Tenochtitláns benannt und wurde speziell für dieses Buch von Shari Love Montoliu konzipiert. Shari ist eine Meisterin im Kartenlegen und beschäftigt sich schon seit über 20 Jahren mit dem Tarot und anderen Orakelsystemen. Die Pyramide symbolisiert die vielen Berge Zentralamerikas, die wie jene in den Himmel ragen. In Texcoco stand einst eine Pyramide mit neun Stufen, die die neun Ebenen der Unterwelt repräsentierten. Der scheinbare Widerspruch in einer Struktur, die einerseits gen Himmel strebt und andererseits die Unterwelt symbolisiert, unterstreicht wieder einmal das große Bedürfnis der Azteken nach Harmonie. Fügen Sie dem noch eine zehnte und letzte Stufe hinzu, auf der die Seele in die Tiefe der Erde aufgenommen wird, und Sie haben die zehn Plätze dieses Legemusters.

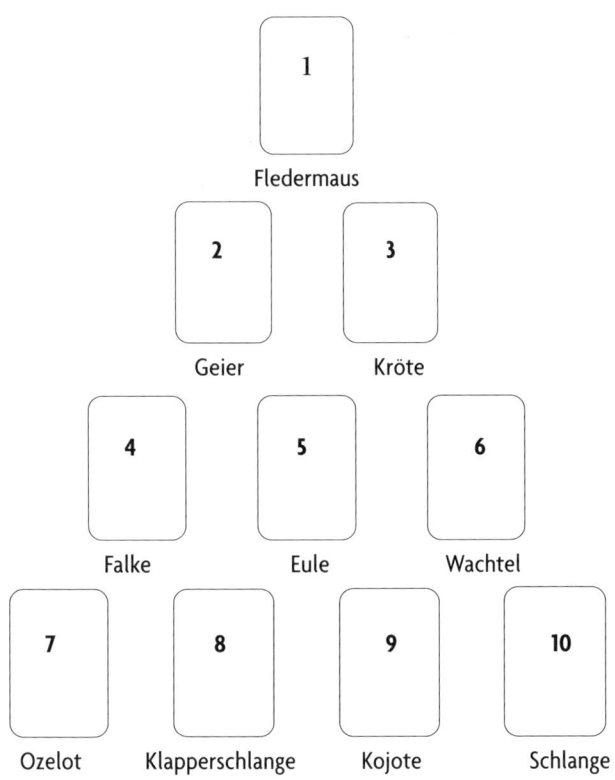

Platz	Bedeutung
1 Fledermaus	Allgemeiner Überblick; Grundenergie der Frage
2 Geier	Positive Kraft in Bezug auf die Situation
3 Kröte	Negative Kraft in Bezug auf die Situation
4 Falke	Aktuelle Botschaften; Kommunikation
5 Eule	Dinge, die losgelassen werden müssen
6 Wachtel	Was zur Verbesserung und Heilung getan werden kann
7 Ozelot	Verborgene Aspekte
8 Klapperschlange	Befürchtungen und Ängste
9 Kojote	Dinge, die den Fragernstellenden ablenken oder täuschen könnten
10 Schlange	Synthese und Integration; das Ergebnis

Deutungsbeispiel

Maria nahm schon seit Jahren an unseren Seminaren teil und war uns in all der Zeit zu einer guten Freundin geworden. Natürlich wussten wir daher eine ganze Menge über ihren Hintergrund und ihre Vergangenheit. Ihre Beziehung zu ihrem Vater war nie besonders gut gewesen. Er hatte sie in der Kindheit häufig geschlagen und sie in ihrer Jugend auch nur negativ bestätigt. Nun suchte sie den Rat des Orakels, weil sie darüber nachdachte, gemeinsam mit ihrem Vater ins Immobiliengeschäft einzusteigen. Würde sie die ohnehin schon schwierige Beziehung zu ihrem Vater durch ein solches Unterfangen endgültig aufs Spiel setzen oder lag darin vielleicht sogar eine Chance zur Heilung der Beziehung?

Die Frage lautete: „Was wird aus der geschäftlichen Partnerschaft zwischen Maria und ihrem Vater erwachsen?" Wir zogen folgende Karten als Antwort:

Platz 1: Schmetterling
Platz 2: Adler
Platz 3: Roter Ara
Platz 4: Tlaloc
Platz 5: Cinteotl
Platz 6: Xiuhtecuhtli
Platz 7: Geier
Platz 8: Affe
Platz 9: Kaninchen
Platz 10: Fledermaus

Interpretation: Der Schmetterling zeigt an, dass dies eine Idee ist, die sich zu verfolgen lohnt. Der Adler steht für Aufbruch, was hervorragend zur Gründung einer Firma passt. Seine überaus günstige Position auf Platz 2 sagt auch, dass das Unterfangen etwas Visionäres an sich hat. Der Rote Ara als negative Kraft auf Platz 3 warnt aber davor, dass alte Probleme wieder auferstehen könnten. Tlaloc befindet sich auf dem Platz der Kommunikation und sagt, dass in dem Unternehmen ein großes Wachstumspotential vorhanden ist. Andererseits deutet das Stinktier auf Platz 5 darauf hin, dass übereiltes Handeln und Waghalsigkeit zum Problem werden könnten. Maria und ihr Vater sollten sich davor hüten, vor allem auch in finanzieller Hinsicht. Xiuhtecuhtli auf Platz 6 steht für das, was in der betreffenden Situation Heilung bringen kann, und in diesem Fall bedeutet dies, dass Maria motiviert und zielorientiert bleiben soll, was ihre Selbstachtung stärken wird. Der Geier auf Platz 7 sagt, dass der finanzielle Erfolg schon so gut wie sicher ist. Doch trotz all der guten Karten hat Maria immer noch Bedenken aufgrund der schlechten Erfahrungen mit ihrem Vater, was durch den Affen auf Platz 8 unterstrichen wird. Sie fürchtet, dass ihr Vater sie belügen und betrügen könnte. Um dem zu entgehen, tendiert sie von vorneherein dazu, sich wie ein Kaninchen im eigenen Bau zu vergraben, was durch das Kaninchen auf Platz 9 angedeutet wird. Das ist das, wofür ihr Ego sich entscheiden würde, aber es wäre in der betreffenden Lage genau das Falsche. Für Maria ist es jetzt nicht an der Zeit, sich selbst zu sabotieren oder vor der Furcht zu kapitulieren – es ist an der Zeit, Mut zu beweisen und beherzt zu handeln. Etwas, das auch durch die Fledermaus auf Platz 10 angezeigt wird. Sie sagt dem Unternehmen Fruchtbarkeit und Erfolg voraus, gefolgt von Freude und neuem Vertrauen. Dies waren in der Tat gute Neuigkeiten für Maria und ein hervorragendes Omen für einen neuen Abschnitt in ihrem Leben.

5

DER PAKT

In der Einführung formulierten wir die drei Kernziele dieses Buches. Das erste und vordringlichste Ziel war es, unser Verständnis, unseren Respekt und unsere Anerkennung für Tiere als einzigartige, fühlende und spirituelle Wesen zu fördern. In diesem abschließenden Kapitel geht es nun um den eigentlichen Pakt mit dem Nahualli, den heiligen Bund, um von der einfachen Verwendung dieses Buches als Orakel zu seinem wahren und ursprünglichen Zweck überzuleiten: einen Weg zu finden, mit der Natur zu leben und von ihr zu lernen.

All die Beispiele in diesem Buch haben uns ganz klar vor Augen geführt, dass bei den Azteken ein individueller Pakt zwischen Mensch und Nahualli existierte, ein bindender Vertrag, an den sich beide Seiten zu halten hatten. Das Nahualli vermittelte dem Menschen sein Wissen, seine Fähigkeiten und Eigenschaften und gleichzeitig gewährte es ihm Schutz. Im Gegenzug verpflichtete sich der Mensch, die betreffende Tierart zu schützen und unter gar keinen Umständen zu töten. Manche aztekische Haushalte legten besondere Gärten an, um ihr Nahualli anzulocken, und in vielen lebten die Tiere als Hausgenossen. Wenn ein Mensch den Pakt verletzte, verlor er den Schutz und die Unterstützung seines Nahualli. Und im Moment des Todes würde sich jener Teil seiner Seele von ihm trennen und ihn nicht auf seiner vierjährigen Reise durch die Unterwelt geleiten.

Diese Art von Pakt ist ein gutes Beispiel dafür, wie die Beziehung zwischen Mensch und Tier aussehen kann. Einer hilft dem anderen. Man unterstützt sich gegenseitig, wenn auch auf unterschiedliche Weise. Für die Azteken standen die Tiere den Göttern am nächsten. Und manche Tiere galten, wie wir im Orakel gesehen haben, selbst als Götter. Die Menschen wurden zuletzt geschaffen und aus diesem Grund war ihre Beziehung zu den Göttern und Tieren von Verehrung und Respekt geprägt. Hätten wir uns eine solche Haltung bewahrt, wären wir nicht mit globalen Problemen wie dem Aussterben von Arten, der Zerstörung von Lebensräumen und Umweltverschmutzung konfrontiert. Es ist sehr wichtig, sich dieser Dinge bewusst zu sein, weil jeder, der einen individuellen Pakt mit einem Nahualli eingehen möchte, auch einen Weg finden muss, seinen Teil des Abkommens einzuhalten.

Die von Gleichgültigkeit und Respektlosigkeit gegenüber allen Tieren geprägte Einstellung unserer eigenen Kultur ist tief in der abendländischen Philosophie verwurzelt. Die so genannte Aufklärung, und vor allem die Werke von René Descartes und Immanuel Kant, führten dazu, dass die Tiere als seelenlose Automaten betrachtet wurden. In der Sicht jener Philosophen waren Tiere nicht mehr als Maschinen, die keinen Schmerz fühlten und keiner höheren geistigen Regung fähig waren. Ihre einzige Existenzberechtigung lag darin, dem Menschen zu Diensten zu sein. Descartes behauptete, der Mensch unterscheide sich von den Tieren durch seinen freien Willen, durch Moral, Verstand und die Unsterblichkeit der Seele. Vor allem die unsterbliche Seele war für ihn die notwendige Bedingung für eine ethische Behandlung, womit er aber gleichzeitig jedes gewalttätige Verhalten gegenüber Tieren rechtfertigte, weil diese ja schließlich über keine Seele verfügten. Descartes *Abhandlung über die Methode* lieferte bereits 1637 eine hervorragende Rechtfertigung für das Abschlachten wilder Tiere, zunächst durch Bauern und Viehzüchter und später durch die industrialisierte Land- und Forstwirtschaft in Europa und Nordamerika. Und sie erlaubte Wissenschaftlern, vor allem Zoologen, gleich 50 oder 100 Vögel der gleichen Art zu töten, um detaillierte Studien an ihrem „Flugapparat" durchzuführen. Barry Lopez gibt in seinem großartigen Buch *Of Wolves and Men* ein Interview mit dem Wolfsjäger Dave Wallace wieder. Der Achtzigjährige erzählt von den „guten alten Zeiten" und davon, welch hohe Prämien in den Ausrottungskriegen des späten 18. und frühen 19. Jahrhunderts für einen einzigen Wolf gezahlt wurden:

„‚Mein Gott, wir machten damals wirklich viel Geld', sagte Dave Wallace an diesem Nachmittag. ‚Es war auch verdammt harte Arbeit. Und die Hunde, mein Gott, denen durftest du nicht mal den Rücken kehren! Die hätten dich gleich in Stücke gerissen.' Jedes Mal, wenn seine Hunde einen Wolf gestellt hatten, fragte er sich, wie viele Hunde er wohl diesmal verlieren würde. ‚Ein Wolf ist nicht so schnell wie ein Kojote, und deshalb kauert er sich irgendwohin und wartet, bis die Hunde auftauchen. Als ich das zum ersten Mal beobachtet habe, packte der Wolf den ersten Hund hinter der Schulter und riss ihm ein riesiges Stück Fleisch heraus. Und den zweiten erwischte er am Kopf und zerquetschte ihn. Er hat ihn einfach zerquetscht! Die anderen Hunde fielen dann über ihn her und ich ritt auf meinem Pferd herüber und hab den Wolf mit einem Knüppel totgeschlagen.'

Kurz vor seinem Tod erzählte mir Wallace davon, wie furchtbar kalt die Winter in den Dakota-Bergen waren und wie er sich in Wolfsfelle wickelte, um nicht zu erfrieren. ‚Den Wölfen machen solche Temperaturen nichts aus. Sie jagen selbst im tiefsten Schnee. Mann, das sind wirklich zähe Viecher!' Wir sprachen auch über das Sterben und ich erzählte ihm, dass es bei den Azteken das Ritual gab, die Brust eines Sterbenden im Sinne eines Sterbesakraments mit einem angespitzten Wolfsknochen zu durchbohren. Ein Grinsen huschte über das Gesicht des alten, ungebildeten Mannes, der schon bald hier in seiner einsamen Hütte sterben würde. Dann lächelte er wie ein Buddha, der über die Geheimnisse des Lebens nachsinnt." (S. 168 f.)

Einmal ganz abgesehen von solch organisierten Ausrottungsfeldzügen hat die herrschende Einstellung des Menschen gegenüber der Tierwelt ganz furchtbare Auswirkungen. Das Artensterben hat ein bislang ungekanntes Ausmaß erreicht. Die Weltnaturschutzorganisation *IUCN* berichtet, dass zur Zeit etwa 1000 bis 10.000-mal mehr Arten aussterben, als dies ohne das Eingreifen des Menschen der Fall wäre. Während man sicher zahlreiche Gründe für das Artensterben anführen kann, liegen die Hauptursachen in der globalen Zerstörung der Lebensräume, einer selbst verursachten Klimaveränderung und in der Umweltverschmutzung. All diese Probleme mögen unüberwindlich scheinen oder auch sein – aber wenn nur ein Funken Hoffnung aufkeimen soll, muss er aus jedem Einzelnen von uns herauskommen. Funke um Funke. Schritt für Schritt. Ein möglicher Schritt in die richtige Richtung ist die individuelle Verbindung mit dem eigenen Kraft-Tier und das strikte Einhalten des mit ihm geschlossenen Paktes, in dem auch wir unsere Pflichten haben.

DIE PFLICHT ERFÜLLEN

Wir möchten Ihnen hier ein paar Vorschläge machen, wie Sie Ihr Nahualli ehren können, um auch weiterhin seinen Schutz, seine Unterstützung und Hilfe zu genießen. Und natürlich können Sie so außerdem vielen anderen Tieren helfen:

- Unterstützen Sie die Arbeit von Wissenschaftlern wie Marc Bekoff und Jane Goodall, deren unermüdliche Feldforschung stets neue Beweise dafür findet, dass Tiere komplexe, intelligente, emotional vielfältige und spirituelle Wesen sind. Lesen Sie auch Marc Bekoffs Nachwort zu diesem Buch, um mehr über seinen Ansatz zu erfahren.
- Werden Sie Mitglied in einer internationalen Tierschutzvereinigung wie *WWF* (*World Wildlife Fund*). Solche Organisationen kümmern sich um den Schutz und Erhalt der Lebensräume zahlreicher Wildtiere, unter denen auch Ihr Nahualli sein könnte.
- Engagieren Sie sich in einem lokalen Tierschutzverein oder unterstützen Sie ein Tierheim mit Spenden. Tierschutzvereine kümmern sich um eine Unzahl herrenloser Katzen und Hunde und um viele andere Tiere. Ihre Hilfe ist dort stets willkommen.
- Spenden Sie für ein artspezifisches Schutzprojekt wie etwa für den Schutz des Seeadlers oder Wanderfalken. Nähere Informationen hierzu erhalten Sie bei jedem Naturschutz- oder Tierschutzverein. Oder starten Sie einfach eine Suche im Internet zu dem betreffenden Tier.
- Wenn sich Ihr Nahualli als Haustier eignet, adoptieren Sie doch einen Artgenossen, am besten aus dem nächstgelegenen Tierheim. Sie werden sich wundern, wie sehr die lebenslange Freundschaft zu einem Tier ihr Leben bereichern kann!

ABSCHLIESSENDE GEDANKEN

Manchmal spürt man, dass die Zeit für etwas Bedeutendes in unserem Leben gekommen ist: Man hält um die Hand der Geliebten an, stellt den Kontakt zu einem alten Freund wieder her oder erfreut sich am Erfolg seiner Kinder. Für uns ist dieses Orakel mit einem solchen Gefühl verbunden und wir hoffen, dass es Ihnen ähnlich geht. Wir spüren, dass wir etwas wiedergefunden haben, das verschollen war und nun heimgekehrt ist – zu uns und zu Ihnen. Behandeln Sie es mit Respekt: Sprechen Sie die alten Götternamen mit Ehrfurcht. Begrüßen Sie das Orakel als den wundervollen Freund, der es ist oder sein kann, wenn Sie sich ihm öffnen.

NACHWORT

Wir sind ausgesprochen dankbar für all die Arbeit, die heute vollbracht wird, um einer breiten Öffentlichkeit zu zeigen, wie reich und vielfältig das Leben der Tiere ist. Die Grundlagen hierfür werden vor allem von Verhaltensforschern geliefert, die Tiere in freier Wildbahn beobachten und ihr komplexes Verhalten dokumentieren, wie etwa ihre bedingungslose Zuneigung, ihr quasi-moralisches Verhalten, ihre Aufopferung für die Sippe oder ihre Trauer um den verstorbenen Partner. Ihre Forschung belegt, was die Azteken und viele andere alte Kulturen schon immer wussten – dass Tiere spirituelle, fühlende und intelligente Wesen sind, die unseren Respekt und unsere Bewunderung verdienen.

Marc Bekoff ist einer dieser Forscher und darüber hinaus ein guter Freund. Er ließ es sich nicht nehmen, den folgenden Essay als Nachwort für unser Buch zu schreiben. Wir möchten Marc hier noch einmal herzlich für seine Unterstützung danken und wünschen Ihnen eine einsichts- und aussichtsreiche Lektüre.

In uns und um uns herum:
Reflexionen im Spiegel der Erde

Tiere sind gleichzeitig in uns und um uns herum. Wie *Das Tier-Orakel der Azteken* zeigt, sind Tiere ein unverzichtbarer Teil unseres spirituellen Lebens. Wir verknüpfen sie mit unzähligen Aspekten unseres Wesens und sie spielen eine bedeutende Rolle in den vitalen Prozessen der Integration und Anpassung.

Integration und Anpassung erzeugen dynamische, andauernde Veränderungen und stets neue Verbindungen innerhalb einer Art und zwischen den Arten, was zu Mitgefühl, Liebe und einer Hinwendung zur Einheit und Ganzheit allen Lebens führt. Es kann und sollte keinen anderen Weg geben.

Nichtmenschliche Wesen (Tiere) finden sich heute oft in einer äußerst prekären Situation wieder: Einerseits werden sie auf moralisch verabscheuenswerte Art zu menschlichen Zwecken missbraucht, während sie andererseits verehrt und verhätschelt werden. Offenbar bilden sie einen integralen Teil des Webmusters unseres eigenen Wohlbefindens. Sie machen uns heil, verleihen uns Form und sorgen dafür, dass wir uns wohl fühlen. Die Hassliebe, die uns mit unseren tierischen Verwandten verbindet, macht allen Beteiligten das Leben schwer. Aber was vollkommen inakzeptabel ist, ist die Art, wie Tiere immer wieder benutzt werden, um die Position des Menschen in der „Hierarchie alles Lebendigen" zu bestimmen, in der sich der Mensch gern selbst von allem abtrennt und sich als vermeintliche „Krone der Schöpfung" über alles andere stellt. Wie bequem. Wir behaupten einfach, etwas Besseres und Wertvolleres zu sein als unsere tierischen Verwandten, und schlagen ihnen die Tür vor der Nase zu. Wir verschließen unsere Augen und Herzen vor ihrem von uns verursachten Leid, während wir besser daran täten, sie als das zu akzeptieren, was sie sind, auch wenn wir dazu unsere enge, anthropozentrische Weltsicht aufgeben müssen. Wir sollten nicht vergessen, dass der gesetzliche Status der meisten Tiere, wenn sie überhaupt einen solchen genießen, sie bestenfalls zum Besitz eines Menschen erklärt. Sie können missbraucht, gemästet, verkauft und geschlachtet werden – wir behandeln sie oft noch schlechter als unser Auto oder unser Fahrrad. Und häufig geschieht all dies im Namen der Forschung, der Wissenschaft, der Unterhaltung oder im Dienste der Kleidungs- und Nahrungsmittelindustrie.

Die wahre Welt der Tiere ist voller Magie und Wunder. So wie uns häufig ein „Wow" entfährt, wenn wir über die Wunder der Tierwelt staunen, wäre ich nicht erstaunt, wenn auch den Tieren ab und zu ein Laut der Verwunderung entführe, während sie die Geheimnisse ihres eigenen Lebensraums erkunden.

Wenn wir einmal in den Spiegel der Spiritualität und der Biologie schauen, zeigt sich schnell, dass es völlig abwegig ist, Menschen und Tiere voneinander aus- und abzugrenzen. Sicher gibt es Unterschiede, aber diese sollten eher bewundert werden, statt zur Definition statischer Artgrenzen herangezogen zu werden. Die Vielzahl der Übereinstimmungen ist es, die uns zeigt, dass wir zu den Tieren gehören und sie zu uns. Wir sind nur eine Art unter vielen. Wir sind Teil eines nahtlosen Webmusters, in dem es zahllose Verbindungen in alle Richtungen gibt – Verbindungen, die von Respekt, Mitgefühl und Liebe zeugen. Ich fühle mich immer reich beschenkt, wenn ich mich den Tieren öffne. Wenn ich Kojoten studiere, bin ich ein Kojote, und wenn ich Vögel studiere, bin ich ein Vogel. Da ist ein starkes Gefühl der Verbundenheit, des Eins-Seins. Wenn ich Kojoten beobachte, versuche ich, so gut ich kann, einen „coyotozentrischen" Blickwinkel einzunehmen, um zu einem tieferen Verständnis dieser großartigen Wesen vorzustoßen. Der anthropozentrische Blickwinkel, das heißt die Fixierung auf mein Mensch-Sein, bringt mich keinen Schritt weiter.

Jedes Wesen definiert sich über seine Beziehungen. Die soziale Matrix, in der ich lebe, ist ein äußerst komplexes Webmuster, ein dynamisches Geschehen von monumentalem Ausmaß, das meiner Vernunft nie ganz zugänglich sein wird. Meine Suche hat mich an einen Ort geführt, wo sich Wissenschaft, Verhaltensforschung und Spiritualität begegnen. Und ein großer Teil meiner Reise wurde erst durch die Interaktion mit Tieren und ihre Bereitschaft, ihr Leben mit mir zu teilen, ermöglicht. Der Anblick eines Fuchses, der einen anderen Fuchs begräbt; die Beobachtung der Geburt von Kojote-Welpen und der rührenden Fürsorge der Eltern; der bleibende Eindruck, den Hunde-Welpen hinterlassen, die in ihr Spiel vertieft sind, oder der Vorfall, als ich fast über einen Puma stolperte – all dies ließ mich erst erkennen, wie sehr „ich" mich tatsächlich über meine Beziehung zu anderen definiere.

Wir sollten uns wirklich von ganzem Herzen um die Erde sorgen. Wenn wir auf sie Acht geben, sind zahllose Tiere, Menschen und Lebensräume weitaus besser dran als unter der Regentschaft der herrschenden „Moral", der es an Respekt, Hilfsbereitschaft, Mitgefühl, Demut, Großzügigkeit, Freundlichkeit, Würde und Liebe fehlt. Die Zuneigung zu einem einzelnen Wesen oder einer einzelnen Sache, was immer es auch sein mag, kann zur Liebe zu allen Dingen ausgedehnt werden. Wenn wir Ehrfurcht vor der Erde und allen Tieren empfinden, werden wir vielleicht endlich aufhören, sie zu zerstören. Und wenn wir es uns selbst erlauben, die Gegenwart der Tiere in unserem Herzen zu spüren, wird dies unsere spirituelle Entwicklung vorantreiben und uns ein Gefühl des Eins-Seins und der Zusammengehörigkeit vermitteln. Die daraus resultierende Freude, das Gefühl der Glückseligkeit, wird die Erde in einem neuen Licht scheinen lassen: als eine wunderbare Welt, in der jedes Individuum zählt und von Bedeutung ist. Die Verbundenheit aller Wesen auf dieser Welt bedingt nämlich auch, dass die Tat eines Einzelnen alle anderen beeinflusst. Was hier in New York geschieht, beeinflusst das, was in Peking oder sonst wo auf der Welt passiert.

Alte Gehirne vor neuen Engpässen: Warum wir die Weisheit und den Rat der Natur suchen

Warum fühlen wir uns so gut, wenn wir draußen in der Natur sind? Diese Frage stelle ich mir nun schon seit meinem vierten Lebensjahr. Während ich vor nicht allzu langer Zeit eine Präsentation für ein Treffen mit dem Titel „Der Pfad zur Weisheit der Natur" vorbereitete, stieß ich auf ein Zitat von Henry Miller in seinem Buch *Big Sur und die Orangen von Hieronymus Bosch*: „Wenn wir nicht stets von der Natur ausgehen, werden wir sicher in der Stunde der Not zu ihr zurückkehren." Vielleicht gibt es sogar mehrere Gründe, warum wir in Not und Verzweiflung den Rat und Beistand der Natur suchen. Dazu sollten wir uns einmal unsere Vorfahren und deren Entwicklung anschauen.

Wenn ich draußen in der Natur bin, fühle ich mich nie allein oder einsam. Die Natur nährt meine eigene Spiritualität, die auf einem tiefen Bedürfnis nach einer nahtlosen Einheit, einem Gefühl des Eins-Seins gründet und von Respekt, Hilfsbereitschaft, Mitgefühl, Demut, Großzügigkeit, Freundlichkeit, Würde und Liebe angetrieben wird. Die Weisheit der Natur zieht mich in ihren Bann und nimmt mich in ihre Arme. Und dann plaudern wir miteinander. Aber warum suchen wir den Rat der Natur? Warum fühlen wir uns so gut, so voller Frieden, wenn wir Tiere beobachten? Wenn wir Bäume betrachten oder an duftenden Blüten riechen? Wenn wir die Wellen auf einem See oder Ozean betrachten? Wir können gar nicht sagen, warum die Natur eine so beruhigende Wirkung auf uns hat, warum wir oft atemlos und voller Ehrfurcht vor ihren Wundern stehen. Vielleicht sind diese Empfindungen so tief, so ursprünglich, dass uns einfach die Worte fehlen, sie zu beschreiben – die Freude darüber, zu wissen, dass es der Natur gut geht, und die tiefe Sorge und der unerträgliche Schmerz, wenn wir spüren, dass die Natur ausgebeutet und zerstört wird. Es schmerzt mich wirklich, wenn ich sehe, wie die Natur verletzt wird.

Wie war das bei unseren Vorfahren? Für sie muss die Missachtung der Natur noch ernstere Konsequenzen gehabt haben. Sie hatten nicht das Know-how, um ihre Eingriffe wieder ungeschehen zu machen. Die frühen Menschen waren aber vermutlich so beschäftigt mit ihrem alltäglichen Überlebenskampf, dass sie gar nicht die Gelegenheit hatten, solche Schäden anzurichten wie wir. Und der Preis, den sie hätten zahlen müssen, wäre wohl viel höher gewesen, weil sie stärker von der Natur abhängig und enger mit ihr verbunden waren.

Dennoch bin ich der Überzeugung, dass ihre Seele – wie die unsere – bei jeder Verletzung der Natur Schmerz empfand. Weltweit klagen Menschen über den Zustand der geschundenen Natur und ihre Zerstörung. Moderne Forscher wie die Ökopsychologin Laura Sewall knüpfen genau an diesen Punkt an. Es wäre von unschätzbarem Wert, wenn wir unser uraltes Hirn einschalten und es uns leiten lassen könnten, da unser Gehirn dem unserer Vorfahren sehr ähnlich ist. Wie dem auch sei, unser soziokulturelles Milieu, unsere Technologie und sogar die Natur haben sich stark verändert, und wir stehen heute vor neuen Engpässen, die uns zwingen, neue Wege zu suchen. Die Zyklen der Natur sind immer noch um und in uns, selbst wenn wir uns ihrer Gegenwart nicht bewusst sind, weil wir alles Natürliche sehr gründlich verdrängen. Unsere moderne Technologie und rationalisierte Geschäftigkeit entfremden uns zunehmend von der Natur. Es ist nur zu einfach, eine Umwelt zu zerstören, in der wir selbst nicht leben müssen, oder andere Wesen zu missbrauchen, zu denen wir keine persönliche Beziehung unterhalten.

So wie unser Gehirn uns von der Natur entfremden kann, kann es uns aber auch zu ihr zurückführen. Möglicherweise gibt es einen urtümlichen Trieb, der uns drängt, eine enge Verbindung zur Natur aufrechtzuerhalten, eine Art „Biophilie", die uns dazu treibt, die Natur als Heiler aufzusuchen, wenn unsere Verbindung bedroht oder beschädigt ist. Und das alles, weil unser uraltes Hirn sich immer noch daran erinnert, was es bedeutet, ein integraler Bestandteil der Natur und ihrer komplexen Prozesse zu sein, und sehr genau weiß, wie gut sich die innige Verbundenheit zu allem Leben anfühlt. Vielleicht geben diese tiefen Gefühle Anlass zur Hoffnung, einen Grund dafür, in Bezug auf die dringend benötigte Heilung der Natur optimistisch zu sein. Es fühlt sich nämlich einfach nicht gut an, die Natur zu verletzen.

Die intensive Freude, die wir verspüren, wenn die Natur intakt ist und wenn wir uns in ihre komplexen Webmuster einbinden, ist nur ein Ausdruck der tiefen Liebe, die wir ihr gegenüber empfinden. Eine Liebe, die uns eine zweite Chance gewährt, unseren Weg zu ändern. Eine Liebe, die uns aus einer gefährlichen und mitleiderregenden Apathie reißen kann. Eine Liebe, die uns an unsere kollektive Verantwortung erinnert und uns dazu aufruft, die Natur für uns und für zukünftige Generationen zu retten. Wir alle müssen dazu beitragen, ganz gleich, in welcher Form. Geben Sie der Natur etwas für all die Weisheit und den Frieden zurück, die sie freigebig schenkt, und helfen Sie mit, ihre Existenz für alle zu bewahren. Indem wir die Natur schützen, schützen wir uns selbst.

Im gegenwärtigen Zustand der Welt tut vor allem die Wandlung des einzelnen Menschen Not und wird uns eine unschätzbare Hilfe sein. Wir schulden es den zukünftigen Generationen, die Gegenwart zu ändern, Träume von einer besseren Welt zu verwirklichen und vorsichtig voranzuschreiten. Wir alle sind Träumer und Aktivisten. Wir schulden es uns selbst und allen anderen Wesen auf dieser Erde, die Kraft der Liebe nie aus den Augen zu verlieren. Als die großhirnigen, allgegenwärtigen, allmächtigen und angeblich sogar allwissenden Säugetiere, die wir sind, sollten wir doch die Macht haben, all dies zu tun. Mit dieser Macht verbindet sich jedoch auch die große Verantwortung menschlicher Moral und Ethik. Und wir sollten uns nicht mit weniger zufrieden geben.

Neue Aussichten für Wissenschaft, Herz und Verstand

Während die Wissenschaft immer mehr Herz und Mitgefühl zeigt und sich vom irreführenden Postulat falsch verstandener Objektivität abwendet, lernen wir immer mehr über das tiefe und reiche emotionale Leben der Tiere. Und wir lernen auch, dass ihre Gegenwart – ob wir uns ihrer bewusst sind oder nicht – unsere Spiritualität fördert und zu einem tiefen Gefühl der Ganzheit und Einheit führt. Tiere sind selbst dann in unseren Herzen und Seelen gegenwärtig, wenn sie körperlich gar nicht da sind. Auch wenn wir die Tiere nicht sehen, können wir sie vielleicht doch riechen oder hören und ihre Gegenwart spüren. Und selbst wenn wir gar nichts wahrnehmen, sind sie doch stets in unserer Nähe.

Mir entschlüpft immer wieder ein erstauntes „Wow", wenn ich draußen in der Natur bin. Manche mögen glauben, dass meine Frage, ob Tiere ebenfalls solche Äußerungen des Erstaunens kennen, nur eine rhetorische Frage sei, die man auf wissenschaftlicher Basis nicht beantworten kann. Aber es ist keine rhetorische Frage. Wir wissen, dass Tiere und Menschen über ein ausgesprochen ähnliches Nervensystem und über dieselben chemischen Botenstoffe verfügen, die dem Ausdruck und Empfinden eines breiten Bandes von Gefühlen zugrunde liegen. Wir wissen, dass das emotionale Leben der Tiere dem unseren überaus ähnlich ist. Wir wissen, dass sie Trauer und Freude empfinden können – genau wie wir.

Ich glaube, dass Tiere ihr „Wow" auf ganz unterschiedliche Weise ausdrücken, wenn sie die Palette positiver Emotionen durchlaufen, die mit den Freuden des Lebens verbunden sind. Und genauso empfinden sie Schmerz, wenn sie verletzt werden oder wenn wir ihr Vertrauen missbrauchen. Wir schulden es den Tieren, ihnen ein Leben zu garantieren, das unseren ethischen Normen entspricht. Alle Wesen profitieren davon, wenn wir unsere Mitgeschöpfe mit der Würde, dem Mitgefühl, der Liebe und dem Respekt behandeln, den sie verdienen.

In vielerlei Hinsicht brauchen wir die Tiere weit mehr, als sie uns brauchen. In unserer Abwesenheit werden die meisten Tiere zufrieden weiterleben. Aber unsere Herzen verrohen und unsere Seelen vertrocknen, wenn wir Tiere missbrauchen, weil sie ein essentieller Teil von uns selbst sind. Wir sollten uns ihnen daher stets mit dem nötigen Respekt, mit Hilfsbereitschaft, Mitgefühl, Demut, Großzügigkeit, Freundlichkeit, Würde und Liebe nähern. Wir schulden es unseren Mitgeschöpfen, uns selbst, unseren Kindern und Kindeskindern, mit dem kollektiven Missbrauch aufzuhören und die Erde zu respektieren. Liebe sollte die beherrschende Kraft in unserem Leben sein.

Wenn wir die Erde plündern, berauben wir uns der gegenseitigen Bindungen, die das Herz allen Lebens bilden, die Verbindung zu jener Kraft, die in allen Wesen und in allem Sein widerhallt. Die Vorstellung, von der Gemeinschaft allen Lebens auf der Erde ausgeschlossen zu sein, bricht mir das Herz. Wir wollen doch nicht als die Generation in die Geschichte eingehen, von der man sagt – wenn überhaupt noch jemand etwas sagt –, dass sie die Natur endgültig zerstört habe.

Wenn wir die Erde schänden, zieht eine eisige Kälte ins Land, denn wenn wir die Natur vernichten, töten wir uns selbst, die Tiere und Bäume sowie den Geist, der uns alle verbindet. Wir zerstören unsere eigene Integrität und die Integrität der Natur.

Es gibt Hoffnung

Obwohl es scheint, als seien wir dazu verdammt, all jene Tiere und die Welt zu vernichten, die wir lieben, gibt es doch Hoffnung. Ich bin ein Träumer und ein unverbesserlicher Optimist. Wenn die Liebe regiert, können wir „siegen", aber die Zeit ist nicht auf unserer Seite. Es ist tatsächlich äußerst dringlich. Doch wenn jeder von uns einen noch so kleinen Beitrag dazu leistet, diese Welt besser zu machen, werden wir einen Weg für zukünftige Generationen bahnen, damit diese sich immer noch an den Wundern der Natur erfreuen können.

Ich bitte die Leute oft, sich vorzustellen, sie trügen einen Rucksack voller Mut, Mitgefühl und Hoffnung bei sich. Und weil wir stets das zurückbekommen, was wir geben, wird sich unser Vorrat an Mut, Mitgefühl und Hoffnung niemals erschöpfen. Es ist natürlich leicht, angesichts all der schlechten Nachrichten und schlimmen Dinge, die täglich um uns herum geschehen, zu verzweifeln. Aber es geschehen auch täglich wunderbare Dinge, die unseren Geist neu entzünden und uns dazu anregen können, zu handeln und noch mehr zu tun.

Wenn wir Liebe im Überfluss in die Welt hinaussenden, werden wir Liebe im Überfluss empfangen. Und es besteht kein Grund zur Furcht, den Vorrat an Liebe zu erschöpfen, weil sie sich stets selbst erneuert und verstärkt. Sie kann uns als kraftvoller Generator dienen, der stets mehr Mitgefühl, Respekt und Liebe für alles Leben hervorbringt. Jeder Einzelne spielt eine bedeutende Rolle, und der Geist und die Liebe eines jeden Einzelnen sind mit dem Geist und der Liebe der anderen verbunden. Diese zunehmende Verbundenheit transzendiert das individuelle Ich und stärkt das Gefühl des Eins-Seins. Wir alle arbeiten gemeinsam daran, die Welt zu einem besseren Ort zu machen – einem Ort voller Mitgefühl und Liebe. Wir müssen zu unserer Sippe halten und dürfen sie nicht einer gedanken- und seelenlosen Selbstzerstörung überlassen.

Wir müssen unsere Gleichgültigkeit gegenüber der Natur und den Tieren durch Achtsamkeit ersetzen. Wir haben nichts zu verlieren und können nur gewinnen. Es ist einfach unmöglich, zu großzügig oder zu nett zu sein. Wir werden uns besser fühlen, wenn wir tief in unserem Herzen wissen, dass wir unser Bestes getan und uns um unsere tierischen Verwandten gekümmert haben, mit denen wir die Erde teilen. Tiere bereichern unser Leben, ohne je etwas dafür zu verlangen – und was wäre unsere Welt schon ohne ihre Gegenwart? Geben wir ihnen etwas zurück, auf dass es immer so bleiben möge. Fühlt es sich nicht gut an zu wissen, dass es dort draußen Tiere gibt, denen wir geholfen haben, selbst wenn wir sie nicht sehen, hören oder riechen können? Und fühlt es sich nicht gut an zu wissen, dass wir etwas für die Erde getan haben, auch wenn wir die Früchte unserer Arbeit nicht selbst ernten werden?

Es ist von größter Bedeutung, dass wir es besser machen als unsere Vorfahren, und wir haben gewiss die Mittel dazu. Vielleicht besteht die entscheidende Frage darin, ob genügend Menschen sich für diesen Pfad entscheiden und sich wirklich für eine bessere Welt einsetzen, eine Welt voller Mitgefühl und Liebe, bevor es zu spät ist. Ich persönlich glaube, dass wir uns bereits auf diesem Pfad befinden.

Wenn wir wieder in Harmonie mit der Natur leben, können wir regenerieren, neue Kraft schöpfen und uns und unsere Seelen heilen, die durch die Entfremdung von der Natur zerbrachen und nun erst wieder vollständig werden müssen. Dazu brauchen wir die Tiere, die Natur und die Wildnis. Wir brauchen den Adler, den Kojoten, den Hirsch und den Falken. Dies ist ein wunderbares Buch und ein weiterer Weg, Tiere in unser Herz zu schließen und von ihnen zu lernen.

MARC BEKOFF
(marc.bekoff@colorado.edu; http://literati.net/bekoff)

Marc Bekoff lehrt als Professor der Biologie an der Universität von Boulder, Colorado. Zusammen mit seiner Kollegin Jane Goodall hat er die Organisation *EETA, Ethologists for the Ethical Treatment of Animals* (Verhaltensforscher für den ethischen Umgang mit Tieren), ins Leben gerufen. Marc ist außerdem Autor zahlreicher Bücher; in deutscher Sprachen finden Sie *Das unnötige Leiden der Tiere* und *Das Leben retten*, das er zusammen mit Jane Goodall verfasst hat.

Literaturverzeichnis

Bekoff, Marc: *Das unnötige Leiden der Tiere*. Herder Verlag, Freiburg 2001

Bekoff, Marc, und Goodall Jane: *Das Leben retten*. Bombus Verlag 2004

Miller, Henry: *Big Sur und die Orangen des Hieronymus Bosch*. Rowohlt Verlag, Reinbek 1966.

Schlesier, Karl: *Die Wölfe des Himmels. Welterfahrung der Cheyenne*. Diederichs Verlag, München 1985.

BÜCHER ZUM LESEN & LEBEN

Norbert Claßen
Das Wissen der Tolteken

Eine umfassende Darstellung der toltekischen Lehre, wie sie von Carlos Castaneda überliefert wurde. Sie weist den Weg zu unermeßlichen Möglichkeiten unserer menschlichen Existenz.

324 Seiten, gebunden
Euro 19,90 (D), SFr. 33,60
ISBN 3 934647-47-2

Florinda Donner-Grau
Die Lehren der Hexe

Der Erlebnisbericht einer jungen Anthropologin, die auf einer Reise beweisen muß, daß sie den „Weg des Kriegers" ganz allein bemeistern kann. In ihrem Geburtslalnd Venezuela gerät sie in den Bann der Hexe und Heilerin Dona Mercedes...

280 Seiten, gebunden
Euro 19,90 (D), SFr. 33,60
ISBN 3-929475-39-1

Joan Halifax
Die andere Wirklichkeit der Schamanen

Die authentischen Erfahrungen bekannter Magier, Medizinmänner und Visionäre zeigen uns, wie wir in Harmonie mit allen Lebewesen leben können.

326 Seiten, gebunden
Euro 19,90 (D), SFr. 33,60
ISBN 3-929475-86-3

Florinda Donner-Grau
Der Pfad des Träumens

Eine junge Anthropologin schildert einfühlsam ihre Initiation in die Welt des legendären Zauberers Don Juan. Gemeinsam mit Carlos Castaneda meistert sie die Kunst des Wachträumens.

360 Seiten, gebunden mit Schutzumschlag
Euro 19,90 (D), SFr. 33,60
ISBN 3-934647-55-3

Florinda Donner-Grau
Shabono

„Kein Zweifel, Shabono ist ein Meisterwerk. Es ist Kunst, Magie und Wissenschaft zugleich. Von Anfang bis Ende strahlt dieses Buch die übermächtige und abgründige Aura einer geheimnisvollen, magischen Welt aus."
(Carlos Castaneda)

327 Seiten, gebunden
Euro 19,90 (D), SFr. 33,60
ISBN 3-934647-52-9

Carlos Castaneda
Tensegrity – Die magischen Bewegungen der Zauberer

Das erste Begleitvideo zu Castanedas 1998 erschienenem Bestseller „Tensegrity".

Video, 73 Minuten
Euro 35,90 (D), SFr. 62,10
Deutsche Version
ISBN 3-929475-94-4
Englische Version
ISBN 3-929475-95-2